# 进口贸易
# 金融多元模式

鲍 炜 杨巨综 编著

中国商务出版社

图书在版编目（CIP）数据

进口贸易金融多元模式 / 鲍炜，杨巨综编著 . —北
京：中国商务出版社，2015.12
ISBN 978－7－5103－1416－2

Ⅰ.①进…　Ⅱ.①鲍…②杨…　Ⅲ.①进口贸易—金
融模式—研究　Ⅳ.①F746.11

中国版本图书馆 CIP 数据核字（2015）第 308356 号

# 进口贸易金融多元模式

JINKOU MAOYI JINRONG DUOYUAN MOSHI

鲍炜　杨巨综　编著

出　　版：中国商务出版社
发　　行：北京中商图出版物发行有限责任公司
社　　址：北京市东城区安定门外大街东后巷 28 号
邮　　编：100710
电　　话：010—64245686　64515140（编辑二室）
　　　　　010—64266119（发行部）
　　　　　010—64263201（零售、邮购）
网　　址：http://www.cctpress.com
网　　店：http://cctpress.taobao.com
邮　　箱：cctpress1980@163.com
照　　排：北京宝蕾元科技发展有限责任公司
印　　刷：北京密兴印刷有限公司
开　　本：787 毫米×980 毫米　1/16
印　　张：11　　字　　数：193 千字
版　　次：2015 年 12 月第 1 版　2015 年 12 月第 1 次印刷
书　　号：ISBN 978－7－5103－1416－2
定　　价：39.00 元

# 编 辑 委 员 会

# 前　　言

　　进口贸易融资是指将进口贸易与融资相结合,为开展进口贸易融通资金的金融行为。在进口贸易融资过程中,一般是以进口货物交易合同作背景或抵押品,通过各种不同的方式和渠道给缺乏资金、授信不足、没有融资渠道的企业增加获得资金的信贷能力。进口贸易的资金融通方式与一般的资金融通方式相比,资金提供方的主体范围更广,除了金融机构以外,还有进口代理商、国际供应商、国际采购商、担保公司、保险公司、物流公司、货代公司、融资租赁公司以及新兴的专业金融服务公司等。

　　随着中国对外贸易的迅猛发展,国内各商业银行的贸易融资品种日益丰富,与进口贸易相关的非金融机构越来越多,进口贸易金融模式也呈现多样化、复杂化,主要特征是:

## 1. 融资渠道多元化

　　进口贸易除了直接融通资金以外,还可间接融通资金。直接融资主要采用固定资产贷款和流动资金贷款、民间借贷、进口押汇或海外代付、远期信用证、货款分期或延期支付等方式;间接融资主要是利用第三方的金融功能和授信平台,在货权作出临时让渡的情况下,进口货物使用人为减轻自身资金压力或财务费用而实现货物交易、提前获得进口货物之目的。有的进口贸易还可以选择多家融资平台,灵活地进行多方组合式融资。

## 2. 借助低成本平台融资

　　要融资必有费用产生,融资成本过高,进口贸易就无利可图。不同的融资方式所需的财务费用大不相同,一般情况下直接融资的费用大于间接融资的费用,而直接融资也因模式不同而成本不同,其融资成本从高到低大致如下:

　　民间借贷＞银行贷款＞进口押汇＞分期或延期付款＞远期信用证

　　为获得上述低成本的融资,融资主体可根据自身条件而定,当自身授信条件不足时,借助第三方的授信平台进行融资合作,以降低融资费用,实现进口交易。有的第三方为了用好授信资源、获得融资收益,也需要将自己的授信资源通过合作来转化财务收益。

**3. 融资渗透在贸易链中**

进口贸易供应链上的核心企业及上下游配套企业，既有融资需求也有融资功能，为实现进口交易，可充分利用各方的金融资源，制定出进口供应链融资方案，以解决上下游企业融资及担保问题，降低进口贸易供应链的融资成本，提高融资效率，促进核心企业及配套企业经营发展。

**4. 融资风险转嫁**

要融资就有风险，如何规避风险是难题。商业银行通常发放有抵押品的贷款，以获得低风险的回款保障、票据结算量及融资收益，这种融资方式对于中小企业来说很难，成本也高。而买卖双方通过贸易往来建立起信用后，愿意给与其有商业关系的买方提供一定额度的融资支持(如借款、延期付款、远期付款等)，这种进口融资方式的成本和风险最低，但对卖方是没有保障的。除此之外就需利用自身或第三方的授信功能来获得融资，在转嫁融资风险的同时，建立起风险转嫁与反担保措施。

开展进口贸易活动，只有与融资行为相结合才是完整的国际贸易。贸易和金融之结合，则相得益彰，不但可以发挥金融功能，解决融资问题，而且有助于国际贸易的开展和扩大，对促进世界经济的稳定和发展具有重要作用。随着进口贸易多元化和复杂化，金融机构加强了风险控制手段，进口贸易直接融资将越来越难。我们根据不同的进口贸易特征和交易合同，从各个渠道、多个角度开展了一些金融创新和实践，运用了独特的融资技巧，设计了风险预防和控制措施，思路清晰，融资方式灵活多样。我们从中总结出一些实战经验与运作技巧，奉献给从事进口事业的同仁，也为高等院校外贸教学提供一些案例教材，若能起到示范和借鉴之效果，我们感到欣慰。

本书的写作得到了中国国际贸易学会和全国外贸业务员考试中心的支持。浙江省成套设备进出口有限公司郭春祥、金黎春、金安丹、沙敏、朱管翔、李彬、朱倩璐、汪阳、陈美燕、叶玲妮、樊艳红、胡潇康、陈乐茜、黄玉芬、章圣、廖婷等同志，以及浙江永恒设备进出口有限公司袁晓刚、魏霞、杨阳、应颖、刘胜利、郑海东、殷晓鸣、周明等同志参加了本书的编写，在此表示感谢。

由于我们的进口贸易比较复杂，融资的方法有限，把握风险的经验不够，故设计的融资模式欠妥在所难免，若不慎与实际当事人、融资品种与方式、单位名称地址等信息发生雷同，实属巧合，谨此声明，望读者见谅。

编　者
2015 年 10 月 21 日于杭州

# 目　　录

# 第一篇

# 银行金融工具和金融产品的运用

　　我国金融机构的各种国际结算工具和融资产品,已在进口贸易实务中得到了广泛运用,这是国际贸易融资的通用做法,它较好地解决了进口商在进口大型成套设备与技术时的资金融通问题,进口商可以不必先支付全额货款而获得进口货物。最终用户、生产企业或者是进口代理商在开展此类货物进口时,应尽可能了解国家金融政策,充分运用金融工具、金融产品或衍生产品,从而大大降低进口贸易的交易成本,促进进口贸易的顺利开展。

　　本篇列举了一些通用的金融工具和金融产品在进口货物贸易实务中的运用案例,如承兑汇票、银行保函、买方信贷、卖方信贷、福费廷买断、固定资产贷款、进口信用证融资及融资租赁业务等,可供最终用户、生产企业或进口代理商运用。

# 一、承兑汇票在代理进口业务中的运用

**【金融模式】**

承兑汇票在企业买卖合同和进出口代理业务的合同执行中被普遍使用，它可以缓解企业资金紧张压力，可也缓解银行自身信贷规模的压力。企业在商业活动中常用的承兑汇票有银行承兑汇票和商业承兑汇票两种。

（一）银行承兑汇票

银行承兑汇票是指由企业申请签发，委托银行等金融机构在指定日期无条件按票面金额支付给持票人。其主要作用是：

（1）增加财务收益：在企业生产经营正常、资金充足的情况下，只要对方愿意接受银行承兑汇票，企业就可将需要付给对方的资金作为开具银行承兑汇票的保证金，以定期形式存入银行，再以定期存单质押开出同金额、同期限、远期付款的银行承兑汇票支付给对方，企业可获取定期存款利息，增加了企业财务收益。

（2）作为融资工具使用，降低财务成本：企业利用自身在银行的信誉，在银行给予授信规模中安排一部分开立银行承兑汇票的额度，保证金比例视不同银行和不同授信条件而不同，一般为 0～50％。假如保证金为 30％，企业向银行申请开立100 万元的银行承兑汇票，则需存入 30 万元的保证金，该企业就可获得 70 万元的融资额度，大大降低了财务成本。

（二）商业承兑汇票

商业承兑汇票是指由银行以外的付款人承兑的票据。商业承兑汇票的付款人为承兑人，还可以满足公司持有的商业承兑汇票快速变现的需求，相对于银行承兑汇票，手续方便，融资成本低，有利于企业培育自身的商业信用。对银行来说，相当于作了一笔贷款，且事先扣除了利息；如果汇票有货物背景，则还有货物抵押。在银行资金紧张时，还可再贴现融资。商业承兑汇票的主要特征是：

（1）实付贴现金额按票面金额扣除贴现日起至汇票到期前一日的利息计算。

(2)商业承兑汇票贴现期限自贴现日起至汇票到期日止,最长不超过 6 个月。

(3)贴现利率采取在再贴现利率基础上加百分点的方式生成,加点幅度由中国人民银行确定。商业承兑汇票的贴现利率一般要高于银行承兑汇票,但一般不超过同期限的贷款利率。

银行承兑汇票和商业承兑汇票在代理进口业务中已广泛使用,只要进口代理商同意接受这种支付方式,不仅委托方(最终用户)大大节省了财务费用,减轻资金压力,对于进口代理商来说可以降低经营风险,获得贸易机会,不增加额外的财务费用,双方可以商定一个两全其美的结算方式是完全可行的。这种承兑汇票可作为进口开证保证金、赎单款或远期 L/C 项下的付款工具:

(1)作为即期 L/C 项下的支付方式如图 1-1 所示:

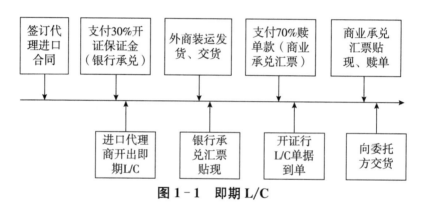

图 1-1　即期 L/C

(2)作为 6 个月远期 L/C 项下的支付方式,如图 1-2 所示:

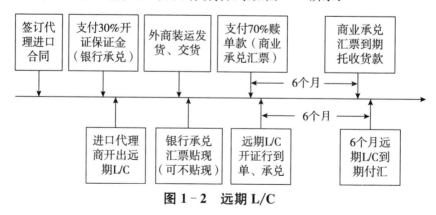

图 1-2　远期 L/C

银行承兑汇票和商业承兑汇票在用作开证保证金、赎单款或远期 L/C 到期付款时,其适用性和特点如表 1-1 所示:

**表 1－1　即期 L/C 和远期 L/C 适用性和特点**

| 支付方式 | 适用性和特点 |
|---|---|
| 即期 L/C | 均适用。但在赎单前必须完成贴现方可对外付汇,否则进口代理商必须利用自有资金垫付赎单款,待承兑汇票到期后托收 |
| 远期 L/C | 均适用。但在远期 L/C 到期时,承兑汇票必须解付或完成贴现方可对外付款,否则进口代理商必须利用自有资金垫付,待承兑汇票到期后托收 |

可见,只要承兑汇票的期限小于实际对外付款期限,就不会增加贴现成本(或不需贴现),若需贴现应由进口代理商根据自身资金情况而定。

**【运用过程】**

浙江盛祥房地产有限公司(以下简称盛祥公司)开发星光商城项目中,要进口一批美国约克中央空调,由于盛祥公司没有进出口经营权,委托杭州立源进出口有限公司(以下简称立源公司)代理进口。经协商,双方签订了代理进口业务合同,合同总价为 200 万美元(美元汇率按 6.1 计算)。合同约定,在合同签订后 3 个工作日内,盛祥公司需支付 30% 的货款(即 366 万元)给立源公司作为开证保证金,立源公司收款后向美国约克公司开出 6 个月的远期信用证。盛祥公司根据自身的财务情况,在征得立源公司的同意后,向立源公司支付了一张期限 6 个月、金额为 366 万元的银行承兑汇票作为开证保证金。在立源公司开出信用证的一个月后,盛祥公司再次与立源公司协商,要求提供一张 6 个月的商业承兑汇票用于支付 6 个月的远期信用证到期款。具体开证及出票情况如表 1－2 所示:

**表 1－2　具体开证及出票情况**

| 即期 L/C 情况 | 开证日期:2013 年 3 月 8 日 | 赎单日期:2013 年 9 月 3 日 |
|---|---|---|
| 银行承兑汇票情况 | 出票日:2013 年 3 月 1 日 | 到期日:2013 年 9 月 1 日 |
| 商业承兑汇票情况 | 出票日:2013 年 4 月 3 日 | 到期日:2013 年 10 月 4 日 |

盛祥公司办理银行承兑汇票向银行交纳了票面金额 30% 保证金(即 $366 \times 30\% = 109.8$ 万元),手续费为 $366 \times 0.15\% = 0.549$ 万元。商业承兑汇票无须向银行支付任何费用,但需向立源公司支付信用证 70% 货款延期一个月支付的违约金(若按

年息 12% 计算:140 万美元×6.1×12%/12=8.54 万元),资金占用费率为年 7% 计算,则盛祥公司的资金占用情况如下:

表 1-3　盛祥公司资金占用

| 支付方式 | 30% 保证金的资金占用(万元) | 70% 货款所需资金(万元) |
|---|---|---|
| 现金支付 | 366 | 854 |
| 银行承兑汇票和商业承兑汇票支付 | 109.8+0.549=110.349 | 366×70%+854=1110.2<br>可节省资金占用费为(366-110.349)×7%÷2=8.95 |

可见,盛祥公司灵活使用票据业务,达到了融资目的,缓解了资金压力,节省了财务费用,顺利地完成了进口业务,实现了双方共赢。

## 【操作提示】

在代理进口业务中,采用银行承兑汇票和商业承兑汇票给委托方(出票人)带来了收益,对于进口代理商而言,却带来了一些成本和风险,因此,需要合作双方共同协商合作的对价及风险规避的方法,以下几个方面值得注意:

(1)进口代理商最好接受由国有银行开具的银行承兑汇票(如中国银行、中国农业银行、中国建设银行、中国工商银行及交通银行等),贴现比较容易。拿到汇票时,必须严格审核汇票真伪,是否有背书,背书盖章是否清晰可见,背书是否符合银行规定,若背书有误,会影响最终解付。

(2)提供商业承兑汇票给进口代理商作为远期 L/C 项下的到期货款,那汇票的到期承兑日要在远期 L/C 付款日之前,不然会导致进口代理商垫款而产生风险。因此,进口代理商在接受委托方商业承兑汇票时,要审核票据内容,并追加一个有实力偿付货款的担保方作担保。对于商业承兑汇票到期日超过远期 L/C 到期日的,应由委托方向进口代理商支付相应的逾期利息或违约金。

(3)商业承兑汇票比银行承兑汇票的兑付风险高很多,贴现难。进口代理商在合同签订前,要谨慎对待,把握好商业承兑汇票的风险,作好到期不能解付的资金准备,以防远期 L/C 或即期信用证不能及时对外付汇而影响国际信誉。对于承兑汇票的贴现利息由谁承担应由双方协商而定。

(4)进口代理商接受票据后的融资方式有两种选择:当在银行贴现率低于贷款利率时,选择票据贴现,表现为银行的票据融资;当银行贴现利率高于贷款利率时,可选择票据质押贷款。若能贴现或贷款,还可以用于进口代理商的临时资金周转。

# 二、《关增税保付保函》在进口业务中的运用

**【金融模式】**

　　银行保函,又称银行保证书,也属银行信用,是指银行应申请人或委托人的要求向受益方开出的,担保申请人一定履行某种义务,并在申请人未能按规定履行其责任和义务时,由担保行代其支付一定金额,或作出一定经济赔偿的书面文件。银行保函是由银行开立的承担付款责任的一种担保凭证,银行根据保函的规定承担绝对付款责任。银行保函大多属于"见索即付"(无条件保函),是不可撤销的文件。

　　《关增税保付保函》是指担保银行应进口商的申请而向海关出具的、保证进口商履行缴纳关增税义务的书面文件。其适用范围:

　　(1)国家相关进口商品减免税政策未明了前的相关商品货物进口;

　　(2)境外工程承包建设、境外展览、展销等过程中有关设备、器械等物品临时进入他国关境;

　　(3)加工贸易复出口业务;

　　(4)海关对某些货物实行先放后征的情况。

　　《关增税保付保函》也是一种进口融资手段,不但减少了企业因缴纳关增税保证金引起的资金占压,提高了资金周转效率,获得了资金收益。而且"先放后征"的方式加快了货物通关速度,避免货物滞留港口加大成本。还可以避免重复办理通关手续,对临时进入他国关境的物品,减少了办理退税手续的繁琐。

**【运用过程】**

　　2013 年 5 月,浙江新月丝绸有限公司(以下简称新月公司)实施技术改造项目。引进意大利 IBC 公司(以下简称 IBC 公司)生产的型号为 S501 的剑杆织机 18 台,申请免税进口。新月公司委托浙江鑫福进出口有限公司(以下简称鑫福公司)代理进口,并与意大利 IBC 公司签订了三方进口合同,合同总金额为 CIF 上海 90 万欧元。进口合同约定:鑫福公司不晚于 2013 年 6 月 5 日开具合同金额 100% 的不可撤销的即期信用证,在 IBC 公司收到信用证后 3 个月从欧洲主要港口发运。

　　合同签订后,鑫福公司于 2013 年 5 月 30 日如期开出信用证。2013 年 8 月 10 日,新月公司接到货代公司的到货通知,通知本次合同中签订的 18 台剑杆织机提前

发货,已到达上海港。由于新月公司在办理《国家鼓励发展的内外资项目确认书》时,当地环保部门一直没有批复环评意见,直到8月15日才办妥项目确认书向海关备案。

由于海关备案和减免税审批需要一定的时间,为了不产生进口滞报金、仓储费等相关费用,新月公司决定以缴纳关增税保证金的方式先行报关进口,待海关《进出口货物征免税证明》批准后再办理退保手续。可是新月公司资金紧张无法缴纳全额关增税保证金,也没有足够的银行授信额度,不具备《关增税保付保函》的开具条件,故委托鑫福公司代其开立《关增税保付保函》。鑫福公司在对新月公司进行考察后,就开立《关增税保付保函》事宜签订了《补充协议书》(见附件1)。操作过程如图1-3所示:

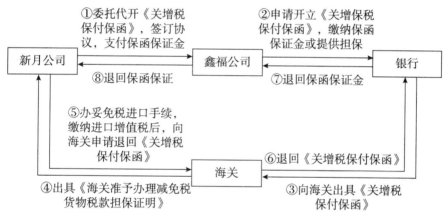

**图1-3　关增税保付函操作过程**

协议生效后,新月公司向鑫福公司支付了保证金计人民币60万元,并向属地海关申请税款担保,鑫福公司于8月20日向银行缴纳保函保证金后,开出《关增税保付保函》(见附件2)递交属地海关,属地海关批准后出具《海关准予办理减免税货物税款担保证明》(见附件3),及时完成了属地海关进口报关、清关手续,顺利将设备送至新月公司。9月10日,海关对新月公司提交的所有资料进行审核后认定本次进口的剑杆织机予以免税,出具了《进出口货物征免税证明》。随后,鑫福公司对本次进口的设备进行改单,新月公司如期缴纳了相应的增值税税金,向海关申请退回《关增税保付保函》。海关向银行退回《关增税保付保函》后,银行出具了保函失效的通知并向鑫福公司退还保函保证金。鑫福公司扣除相应费用后,向新月公司退还剩余保函保证金。

**【操作提示】**

(1)银行保函具有融资功能,风险比较大。进口代理商代开《关增税保付保函》后,若委托方不履行保函义务,进口代理商将直接承担付税义务。因此进口代理商需对委托方进行考察,掌握企业情况,签订严密的《保函开立协议》,明确双方的义务和责任,把握好风险,在收取一定比例的保证金或提供有效担保后,才能开立《关增税保付保函》。

(2)委托方(最终用户)作为免税主体,若海关认定进口设备可以免税,则委托方享受免税政策;若海关认定进口设备不予免税,则委托方必须向海关依法缴纳进口关增税。因此,在开立《关增税保付保函》前,双方必须明确进口设备海关征税的法律责任和违约责任。

# 三、成套设备进口业务采用买方信贷的融资方案

## 【金融模式】

买方信贷是指由出口商国家的银行向进口商或进口商国家的银行提供的信贷，用以支付进口货款的一种贷款形式。当出口方银行直接贷款给进口商时，出口方银行通常要求进口方银行提供担保，如由出口方银行贷款给进口方银行，再由进口方银行转贷给进口商时，则进口方银行要负责向出口方银行清偿贷款。

买方信贷涉及的当事人有五个：出口商、出口商所在地银行、出口商所在地信用保险公司、进口商及进口商所在地银行。每个当事人的责任是：

(1)出口商：与进口商签订商务合同，负责按时发运货物。与出口商所在地信用保险公司签订保险协议。

(2)出口商所在地银行：与进口商/进口商所在地银行签订贷款协议，按贷款协议规定向进口商/进口国银行提供贷款。

(3)出口商所在地信用保险公司：向贷款银行出具保单，承保贷款金额一定比例(95%～100%)的政治险和商业险，在借款人和担保人不能还款时，负责向贷款银行赔偿。

(4)进口商：与出口商签订商务合同，负责在合同规定的时间内支付预付定金、开出信用证、付汇。

(5)进口商所在地银行：与出口银行签订贷款协议，负责在贷款协议规定的时间内，提交所需所有文件。

买方信贷业务结构图如图1－4所示：

买方信贷的主要特点如下：

(1)银行的信贷风险很低。因借款主体一般是进口商所在地银行或银行可接受的大企业，资信状况较好，又有出口信用保险公司提供担保，银行把信贷风险转移给了保险公司。

(2)可改善出口商的财务状况。由于买方信贷是进口商负责筹资，所以出口商财务报表上不体现负债，而且银行在出口商发货后立即放贷或将款项直接汇到出口商账户上，出口商可即期收汇。

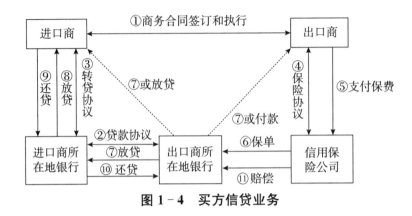

**图 1-4　买方信贷业务**

（3）为进口商提供延期付款的便利。进口商与出口商签订的是即期付款合同，但贷款银行可直接向出口商即期付款，进口商实质上获得了延期付款的便利，解决了资金短缺的困难。

（4）进口商可以自由选择能提供最好信贷条件的贷款银行，不但增加信贷的透明度，而且可以降低贷款的成本。

## 【运用过程】

2012 年 8 月浙江湖州游乐城有限公司（以下简称游乐城）实施一个观光休闲投资项目，拟引进一套年产 5 万吨巧克力成套设备，与中国工商银行湖州分行（以下简称工商银行）合作开展国际结算与买方信贷业务，要求银行在选定国际供应商后，联系一家出口国银行能提供买方信贷融资工具。游乐城要求如下：

（1）贷款行在出口商所在地做过买方信贷业务，并在出口商所在地有分支机构；

（2）合同金额的 85％需要贷款行提供买方信贷进行融资；

（3）贷款期限 10 年以上；

（4）年率不高于 7％，并且分 10 年归还本息，每半年支付一次本息；

（5）游乐城不承担信用保险费，由出口商承担。

游乐城通过国际招标方式展开公开竞争性招标，有多家国际供应商来竞争投标。经过评标，意大利蒙特利巧克力设备有限公司（以下简称蒙特利公司）中标。蒙特利公司邀请花旗银行与工商银行进行谈判，协商结果如下：

（1）出口商：蒙特利公司；

（2）进口商：游乐城；

（3）借款人：工商银行；

（4）贷款人：花旗银行意大利分行；

（5）供货范围：巧克力混合机、巧克力精炼机、巧克力调温机等成套设备一套；

(6)合同金额:1300万美元;

(7)贷款金额:1105万美元;

(8)协定利率:年利率6.8%,每半年支付一次本息;

(9)贷款期限:12年。

2012年12月8日上述四方达成一致意见后签署了协议。随后工商银行向花旗银行提供了贷款所需资料,蒙特利公司向本国信用担保机构对项目进行投保。游乐城根据四方协议约定,支付蒙特利公司15%预付款,蒙特利公司收到预付款即安排生产。2013年10月,蒙特利公司完成该套设备的制造,在收到工商银行开来的即期信用证后组织装船发运,在全套单据到达工商银行后,即通知花旗银行把1105万美元放贷给工商银行,由工商银行转贷给游乐城,再由游乐城把85%货款支付给蒙特利公司,游乐城赎单后进行港口报关提货。

## 【操作提示】

买方信贷业务在大型成套设备进出口领域中被广泛关注和运用,这种融资手段对于进口商来说是一种安全性好、贷款期限最长、贷款利率较低的进口金融方式,贷款风险转嫁给了出口信用保险机构,且保费由出口商承担。对于出口商来说虽然承担了这笔保费,但获得了这笔出口贸易机会、即期收汇及利润,而且还可以获得本国政府相关部门的融资贴息支持,符合国际惯例。在运用买方信贷业务过程中,还应注意以下事项:

(1)买方信贷贷款周期长,进口商与贷款银行不属于一个国家,有汇率风险。进口商要考虑汇率波动可能带来的汇差损失,要将这项成本纳入进口成本预算中。可以选择汇率波动相对比较稳定的币种或择时向银行办理汇率锁定业务,控制汇率风险。

(2)买方信贷业务进行跨国谈判的周期较长,效率较低,涉及部门多,会产生较多的前期工作费用。

(3)买方信贷融资业务所支持的范围较小,通常国际上金融机构支持的进出口设备以船舶、大型机电设备、成套设备和高新技术产品为主。

(4)买方信贷申请的程序繁琐,审批时间很长,成功率不高。进口商在与出口商签订正式贸易合同之前,最好先办妥买方信贷的所有前期考察、评估、审批手续,并落实好承保的出口信用保险机构及费用标准,作好费用预算,防止合同执行过程中贷款与保险不落实的情况发生。

(5)买方信贷业务是进口国和出口国比较重视和支持的国际业务,一般政府管理部门都有政策性的支持,以此降低进出口商交易的成本,促进国际交流和贸易合作。

# 四、采用出口卖方信贷融资工具 促进进口业务按期履约

## 【金融模式】

卖方信贷又称为出口卖方信贷,是指出口国银行或出口信贷机构为支持出口商,以延期付款方式出口机电产品、成套设备和高新技术而向出口商(卖方)提供的中长期贷款,出口商以此贷款为垫付资金,让进口商(买方)购买自己的产品。出口商将融资成本计入出口货价转移给进口商。贷款合同由出口商与银行之间签订。出口卖方信贷目前主要有中短期额度贷款、海外承包工程贷款(包括 BOT、BOO)、境外建厂设点贷款(主要是 CKD、SKD 散件装配厂)、境外设备投资贷款等。其主要特点如下:

(1)出口卖方信贷通常是一种贷款金额大、贷款期限长的贸易融资方式,解决出口商销售大型设备或承包国外工程项目所面临的资金周转困难,促进口商的合同能及时履约。

(2)出口卖方信贷的利率水平较低,出口商可利用政府资金进行利息补贴,以改善国际贸易交易条件,扩大本国产品出口,增强国际市场竞争力,进而带动进口国的进口贸易。

(3)出口卖方信贷的发放由信贷保险机构给予担保,承保出口收汇风险,以鼓励本国银行或其他金融机构发放出口信贷贷款。

出口卖方信贷在大型成套设备进口贸易合作中被广泛应用,虽然直接融资对象是出口商,但实际上是对进口商的一种延期付汇间接融资手段。当进口商进口金额大、生产周期长的机电设备时,一般都会要求延期付款(赊购货物),在进口商采购资金紧张或进口国得不到融资支持或融资成本高的情况下,进口商将要求出口商在出口国银行申请出口卖方信贷,以支持进口商与出口商的贸易合同履约。按照国际惯例,出口商如果出口船舶、高新技术、机电产品或成套设备的,都属于出口国政府和银行优先安排出口卖方信贷的范围。

## 【运用过程】

江苏禾顶铜业有限公司(以下简称禾顶公司)投资年产 30 万吨电解铜生产项

目,进口一条阴极铜生产线,采购预算金额约 3000 万美元,禾顶公司采用国际公开竞争方式招标,芬兰奥图格公司(以下简称奥图格公司)拟参与此次投标活动。招标文件中付款要求为:进口合同签订后预付 20％货款,设备组织生产并完成装船后支付 10％,设备到厂后预付 20％,设备完成安装调试合格后支付 20％,其余 30％质保金在调试合格后 12 个月内付清。中国银行江苏省分行提供保函作为付款担保。

　　该设备制造周期约需 15 个月,因禾顶公司银行授信品种中无开立信用证和其他融资品种,而采用预付款＋后 T/T 的方式支付货款,对于卖方来说付款条件非常不利。奥图格公司在芬兰申请到出口卖方信贷后来组织生产,经过成本估算及投标报价(报价中包含了出口卖方信贷贷款利息和出口卖方信贷保险保费),因此,奥图格公司在与国际设备供应商的角逐中以有竞争力的价格中标,并与禾顶公司签订了进口合同。

　　由于奥图格公司利用了出口卖方信贷,筹资成本大大降低,间接地为禾顶公司融通了采购资金,即禾顶公司通过赊账方式获得了该设备,用产生的效益来偿付设备余款。

　　奥图格公司采用出口卖方信贷的业务流程如图 1-5 所示:

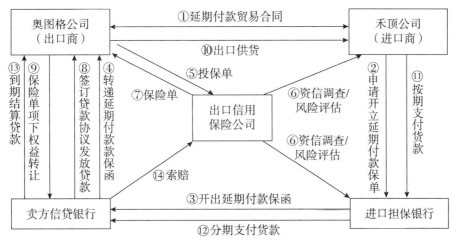

**图 1-5　出口卖方信贷的业务流程**

## 【操作提示】

　　出口卖方信贷业务流程比较复杂,贷款周期比较长,相关的合作机构多,风险大。因此,在开展此类融资业务时,应把握好每个环节的操作特点和法律关系,具体在以下方面做好工作:

(1)出口商以延期付款的方式与进口商签订进出口合同,合同一般要求进口商向出口商在合同生效以后支付 10%～20% 的预付款,其余 80%～90% 款项在交货时由进口国银行签发或承兑若干张不同到期日的本票或汇票(由进口商或进口商的银行出具,需明确注明可自由转让),分期支付。

(2)在签订进出口合同前,出口商应先向当地保险公司咨询,以便将有关的保险费计入成本。

(3)出口商凭出口贸易合同向当地银行申请卖方贷款,与银行签订出口卖方信贷融资合同,由银行向出口商提供信贷。进出口合同和出口卖方信贷融资合同内容必须一致,如进出口合同中约定的预付款比例、延期付款的次数、每次延付金额及最长延付期应一致。

(4)出口商要与保险公司签订保险协议,投保出口中长期延期付款收汇险。贷款银行可能要求将该保险单的收益人转让给贷款银行,但此项转让必须事先征得保险公司同意。

(5)出口商在根据进出口合同发货后,把出口装运单据以及商业发票提交给贷款银行,然后根据卖方信贷融资合同从银行贷款中提取贷款。进口商按照进出口合同的约定,分期偿还货款给出口商,出口商收到进口商所付货款后偿还银行贷款。也可由进口国银行把其出具或承兑的本票、汇票直接交给贷款银行,贷款银行要求出口商把进出口合同项下的债权凭证抵押在银行,用到期款项优先偿还贷款本息。

(6)进口大型、成套设备的企业,为了减轻资金压力和财务成本,达到延期付款的效果,如能找到满意的供应商,建议采用国际公开竞争方式进行招标,可以提高采购、询价的效率,获得性价比好、能融通资金的潜在供应商。

# 五、福费廷融资工具在进口货物
# 贸易中的运用方式

**【金融模式】**

国际贸易进行资本性物资交易过程中(如大型成套机械设备),当出口商以赊销方式出售商品后,需要经过预先选定的贴现行或大金融公司认可的担保行担保过的本票(汇票)卖断给贴现行或大金融公司,从而提前得到现款的一种资金融通的形式,称为福费廷,也称包买、买单信贷或是无追索权的贴现。

福费廷的特点是远期票据应产生于销售货物或提供技术服务的正当贸易;叙做包买票据业务后,出口商放弃对所出售债权凭证的一切权益,将收取债款的权利、风险和责任转嫁给包买商,而银行作为包买商也必须放弃对出口商的追索权;出口商在背书转让债权凭证的票据时均加注"无追索权"字样(Without Recourse)。

福费廷业务主要提供中长期贸易融资,利用这一融资方式的出口商应同意向进口商提供期限为6个月至5年甚至更长期限的贸易融资;同意进口商以分期付款的方式支付货款。除非包买商同意,否则债权凭证必须由包买商接受的银行或其他机构无条件地、不可撤销地进行保付或提供独立的担保。福费廷业务是一项高风险、高收益的业务,对银行来说,可带来可观的收益,但风险较大;对生产厂家来说,货物一出手,可立即拿到货款,占用资金时间很短,无风险可言。因此,这种融资方式,关键是选择资信十分好的进口地银行。

进出口货物贸易福费廷业务流程如图1-6所示:

从图1-6所示可以看出,进口商和出口商从福费廷业务工具中都获得了资金的融通,大大缓解了资金压力,促成进出口货物的交易,其好处如下:

(一)对出口商的好处

(1)福费廷是一种无追索权的贸易融资方式,出口商融资便利,出口商一旦取得融资款项,就不必再对债务人偿债与否负责,同时不占用银行授信额度。

(2)包买商(商业银行)无追索权的买断出口商远期票据,就等于把应收账款转移到自己身上,承担一切收取债务的责任和风险(前提是票据的有效性和真实性)。出口商将国家风险、银行信用和商业信用风险、汇率风险转移到包买商(商业银行)身上。

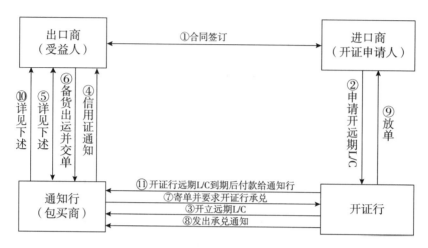

**图1-6　福费廷业务流程**

注:⑤出口商与通知行签订进口买断协议,通知行承诺在开证行发出承兑电后立即付款给出口商,并且进口商预付利息给通知行。

⑩通知行即期贴现给海外出口商。

(3)将远期收款变成当期现金流入,改善现金流量,有利于出口商改善财务状况和清偿能力,避免资金占压,进一步提高资金运作能力。

(4)包买商(商业银行)提供的是固定融资利率,可消除利率风险,出口商可以在谈判前向包买商询价,能正确估价并转嫁融资成本。

(5)出口商不再承担资产管理和应收账款回收的工作及费用,从而大大降低管理费用。

(6)由于包买商是无追索贴现,能尽快帮助企业融资,尽早收汇,立即办理外汇核销及出口退税手续。

(7)出口商能以延期收款的条件促成与进口商的交易,避免了因进口商短期资金紧缺无法开展贸易的局面,增加贸易机会。

**(二)对进口商的好处**

(1)可获得出口商提供的中长期优惠利率的贸易融资,避免向国际金融市场借款。

(2)进口商融资利息与相关费用较低,且可计入货价,对于大型成套设备进口总价影响较小。福费廷业务手续较为简便,进口商要取得担保银行对远期汇票的担保,向担保银行交付一定的保费或抵押品,其数额视进口商资信情况而定。

(3)信用证本身无任何改变,出口商可即期收到货款,一切贸易、结算流程与即期信用证相同。

(4)进口商可充分利用人民币升值的空间降低融资成本,价格较信托收据贷款要低,为进口商节约财务成本。

(5)在国家货币政策紧缩的情况下,仍然能够轻松获得融资,为进口商缓解资金压力。

(6)不占用银行外债指标。

## 【运用过程】

2014年3月,浙江天天集团有限公司(以下简称天天公司)拟从德国进口一条船舶制造平面分段生产线,在与德国出口商协商后,天天公司对部分货款要求2年期的远期付款,而德国出口商却要求即期收款,谈判一度陷入了僵局。双方与中国银行及德国汉堡汇丰银行共同洽谈、协商,中国银行和汇丰银行在调查、评估、审批后同意采用福费廷业务融资工具来促成上述贸易。四方约定如下:

(1)天天公司与德国出口商签订《购销合同》,合同总价为1000万欧元,在合同签订后预付10%的T/T货款计100万欧元;在设备到港和设备安装、调试、验收合格后支付20%的T/T货款共计200万欧元;其余70%的货款计700万欧元由天天公司在验收合格当日开立受益人为德国出口商、期限为2年的不可撤销远期信用证支付。德国出口商承担汇丰银行的承兑费、违约金,天天公司承担中国银行开立保函的费用和涉及福费廷业务的手续费。

(2)天天公司验收合格当日支付了200万欧元设备货款后,向中国银行申请开立金额为700万欧元的远期信用证。中国银行同意其申请,要求天天公司缴存开证金额30%的开证保证金。

(3)汇丰银行作为包买商与德国出口商签订《协议》,约定德国出口商收到的远期信用证背书转让(无追索权)给汇丰银行。同时,汇丰银行要求中国银行作为担保银行向其出具保函,构成不可撤销的保付责任。

(4)汇丰银行向德国出口商支付扣除出口商应付的承兑费等费用后的买断出口项下应收账款。

(5)在远期信用证到期时,天天公司再向中国银行支付信用证赎单款490万欧元和相关费用。中国银行在收到信用证款后向汇丰银行转付700万欧元。

## 【操作提示】

福费廷业务对进口商和出口商而言都有较多的好处,但对于包买商(商业银行)来说,企业将远期票据买断给包买商,包买商虽然获得了较高收入,但转嫁了原本由企业承担的高风险,主要表现在以下几个方面:

(1)时间风险。福费廷业务提供的是中长期融资,在6个月至5年的时间中,开证行(承兑行)的变动情况难以预计。

(2)政治风险。包买商无法预测因债务人或担保行所在国实行外汇管制、禁止或限制汇兑、颁布延期付款令、发生战争暴乱等原因,致使包买商延期或无法收回到期债权的风险。

(3)商业信用风险。若债务人或担保行本身无力付款,或破产、倒闭而造成的包买商无法收回债权的风险。

(4)利率风险。福费廷业务提供中长期融资,采用固定利率,对开展福费廷业务的包买商有较高的利率变动风险。在选择期和承担期中,由于利率上升会导致包买商的融资成本上升,且远期利率变化,包买商将承担更大的风险。

(5)法律风险。无追索权背书只适用于汇票和本票这两种票据,而且其适用还存在法律上的障碍。我国《票据法》第24条规定:"汇票上可以记载本法规定事项以外的其他出票事项,但是该记载不具有汇票上的效力。"同时,第33条规定:"背书不得附有条件。背书时附有条件的,所附条件不具有汇票上的效力。"因此,我国将无追索权的背书视为"附条件的背书",属于记载后不具有票据上效力的背书,表明我国法律对无追索权背书持否定态度。因此,当包买商接受了一份具有无追索权背书的票据后,就会承担与我国法律相矛盾的风险。包买商应充分考虑本国的法律法规,从而避免该类法律风险。

# 六、企业投资项目引进设备通过银行贷款的融资策略

## 【金融模式】

固定资产贷款是银行为解决生产企业固定资产投资的资金需求而发放的贷款,主要用于基本建设、技术改造项目建设的中长期贷款。这类贷款必须符合国家产业政策和金融政策,向有利于促进国民经济持续、快速、健康发展和各项社会事业全面进步的基础产业、支柱产业以及具有较强竞争力和发展潜力的新兴产业倾斜。其申请条件一般有:

(1)符合国家产业政策和银行信贷政策;

(2)政府主管机关批准的项目备案通知书或核准批复、《国家鼓励发展的内外资项目确认书》等;

(3)资本金比例不低于30％,配套资金来源有保证;

(4)采用先进的技术、设备,原材料来源和环保等配套措施落实;

(5)产品有较强的市场竞争力,经济效益可观,还本付息有充分保障。

生产企业引进设备采用银行固定资产贷款方式的资金结构图如图1-7所示:

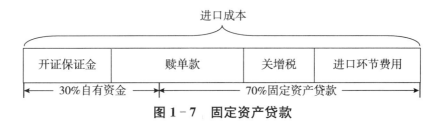

**图1-7　固定资产贷款**

通常办理固定资产贷款的银行要求企业在其银行开立国际信用证,以防贷款被挪用,且可增加国际贸易结算量。申请此类贷款的信用证可以是即期,也可以是远期的,但必须向开证银行缴纳一定比例的开证保证金,贷款银行可获得存款收益,在赎单时企业再支付部分赎单款,其余资金由银行下达贷款直接用于赎单和交税,或者赎单款全部由银行贷款解决,其余关增税和进口环节费用由企业自有资金解决。这类融资模式的特点是:

（1）普通流动资金贷款期限一般为 1 年,到期时企业还款压力大,而企业固定资产贷款的期限较长,一般 3～5 年,企业短期内没有还款压力。

（2）以投资项目名义向银行申请固定资产贷款时,还可以享受国家有关进口贴息、鼓励类免关税进口以及投资项目财政贴息等优惠政策,可以弥补贷款成本。

## 【运用过程】

2014 年 3 月,浙江爱妮奶制品有限公司(以下简称爱妮公司),主要经营奶制品的生产及销售业务,注册资本 4000 万元。近几年来,爱妮公司业务越做越大,产品遍布全国各地,现有的奶制品生产设备已不能满足需求,于是准备新建一个生产基地,征地 60 亩,新建厂房 15000 平方米,从国外引进两条牛奶自动灌装生产线,货值 500 万美元。爱妮公司自有资金不足,拟通过银行固定资产贷款来解决购置进口设备的资金缺口。

经查询海关 H. S. 编码,该牛奶自动灌装生产线进口关税税率为 12%,增值税税率为 17%。因此,进口总成本应将进口关税、增值税以及进口环节费用预算在内,以此向银行申请贷款。经测算,进口总成本 4070 万元(美元汇率按 6.16 计),爱妮公司向银行申请货值(含税价)70% 固定资产贷款 2825 万元,其余资金自筹解决。资金结构如图 1-8 所示:

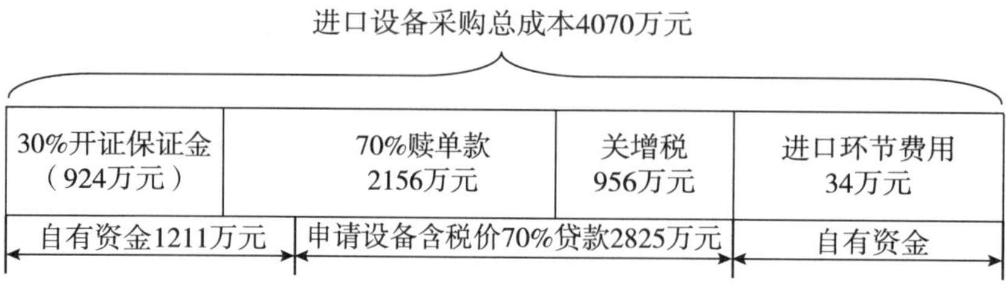

进口设备采购总成本4070万元

| 30%开证保证金<br>（924万元） | 70%赎单款<br>2156万元 | 关增税<br>956万元 | 进口环节费用<br>34万元 |
|---|---|---|---|
| 自有资金1211万元 | 申请设备含税价70%贷款2825万元 | | 自有资金 |

**图 1-8　爱妮公司资金结构**

爱妮公司在完成项目前期各项准备工作(项目方案设计、备案、环评、能评、设备选型、招标、合同签订、征地等)以后,商业银行经市场调研以及对爱妮公司实地考察,认为爱妮公司自我防范风险的意识和能力较强,产品市场销售情况较好,有能力还贷,同意以中长期固定资产贷款方式来支持爱妮公司引进设备。具体过程如图 1-9 所示:

## 【操作提示】

综上,对于进口货值较大的融资项目,通过银行固定资产贷款方式来融资,比使用远期信用证和流动资金贷款等方式更有利于企业的还款,大大缓解了还贷能

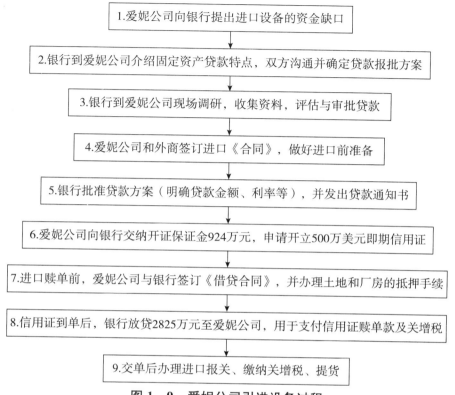

1. 爱妮公司向银行提出进口设备的资金缺口

2. 银行到爱妮公司介绍固定资产贷款特点，双方沟通并确定贷款报批方案

3. 银行到爱妮公司现场调研，收集资料，评估与审批贷款

4. 爱妮公司和外商签订进口《合同》，做好进口前准备

5. 银行批准贷款方案（明确贷款金额、利率等），并发出贷款通知书

6. 爱妮公司向银行交纳开证保证金924万元，申请开立500万美元即期信用证

7. 进口赎单前，爱妮公司与银行签订《借贷合同》，并办理土地和厂房的抵押手续

8. 信用证到单后，银行放贷2825万元至爱妮公司，用于支付信用证赎单款及关增税

9. 交单后办理进口报关、缴纳关增税、提货

**图 1-9　爱妮公司引进设备过程**

力。企业投资项目引进设备固定资产贷款业务,涉及进口商务操作时需要与银行的贷款操作密切配合,把握好每个环节,主要注意以下问题:

（1）作好投资项目市场调查及可行性研究,银行在审查和评估投资项目时将重点评估项目的创利水平,即若企业扩大生产能力创造的利润＞设备折旧＋贷款利息＋维修费,则还贷就有保证。

（2）企业新建生产基地的投资项目,除了进口关键设备以外,还要考虑征地、厂房、办公楼、公用设施、配套辅助设备的费用,要编制好投资总概算(包括配套流动资金),以项目为单位向银行申请固定资产贷款,除进口设备的资金落实外,其他投资的资金也必须落实,否则,进口设备到厂后也无法正常生产。

（3）企业自营进口设备开立即期信用证,一般要在固定资产贷款银行开立,以便信用证赎单时间与放贷时间匹配;如果委托进口代理公司开证时,则进口代理公司一般不会在委托方的放贷银行开证,要了解清楚委托方贷款的审批进度,确认批复后方可开证,否则开证风险就很大了。对方贷款没有批复的代理进口开证,必须要求委托方提供第三方付款保证。

(4)设备不断折旧,设备的价值会不断减少(如图 1 - 10 所示)。因此,企业就要根据设备折旧情况及生产经营效益情况合理规划还款模式,与银行协商还款方式,可以采用前期少还款,中期多还款,后期少还款的还款方式,也可以采用一次性贷款、每月还贷方式。

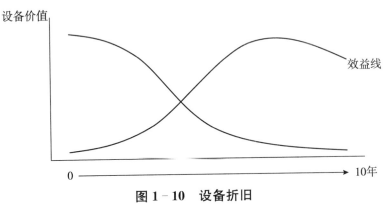

图 1 - 10　设备折旧

(5)企业固定资产贷款业务中,一般情况下采用企业的土地和厂房(有的还需要设备)抵押给银行,贷款金额不会高于企业的土地与厂房的价值,否则,银行会要求企业追加第三方保证。

(6)进口开证时间应放在银行贷款批复且贷款金额与自有资金足够支付设备货款后,以便能及时支付信用证赎单款,如果开证后贷款不落实那就被动了。

(7)企业投资项目引进设备如果符合国家免税进口政策的,则关税免缴后进口成本有所降低,贷款金额也随之减少。如果免税进口设备抵押给银行的,则企业必须遵守海关免税设备监管规定,事前向属地海关办理进口设备抵押备案手续。

# 七、利用外国政府贷款开展医疗 设备进口融资业务

## 【金融模式】

外国政府贷款是指一国政府向另一国政府提供的优惠贷款。目前,向我国提供外国政府贷款的国家和机构有:德国促进贷款、法国开发署贷款、以色列、美国进出口银行、北欧投资银行、科威特、沙特、欧佩克基金会贷款。通过利用他国和国际机构的外国政府贷款,在一定程度上缓解了我国建设资金不足和技术装备落后的矛盾,成为我国利用外资的一个重要组成部分,也是建设单位开展进口融资的途径之一。根据项目不同的还贷责任,我国把项目划分为三类:

(1)一类项目:由省级财政部门或者国务院有关部门作为债务人并承担还款责任。此类项目属于公共财政领域、社会效益显著的项目,建设资金主要来源于政府投入。

(2)二类项目:由项目单位作为债务人并承担还款责任,省级财政部门或者国务院有关部门提供还款保证。此类项目属于公共财政领域、经济效益较好、具备还贷能力的项目。

(3)三类项目:由项目单位作为债务人并承担还款责任,省级财政部门或者国务院有关部门不提供还款保证,转贷银行作为对外最终还款人的项目,此类项目不限于公共财政领域,但应有利于促进当地经济社会发展,体现制度或技术创新,且具备充分的还贷能力。

利用外国政府贷款来开展进口设备融资业务,按照国家相关进口政策,其进口设备可以免征关税,且项目贷款周期很长,贷款利率低。医院利用外国政府贷款购置医疗设备是一个非常好的融资渠道。

## 【运用过程】

2012 年 9 月,中外合资浙江康蓝医院(以下简称康蓝医院)为提高医疗水平、完善医疗硬件配置,需进口一批价值 450 万欧元的大型医疗设备。因医院自有资金不足,决定申请外国政府贷款来实施采购计划。该类外国政府贷款项目属于三类项目,申请过程如图 1-11 所示:

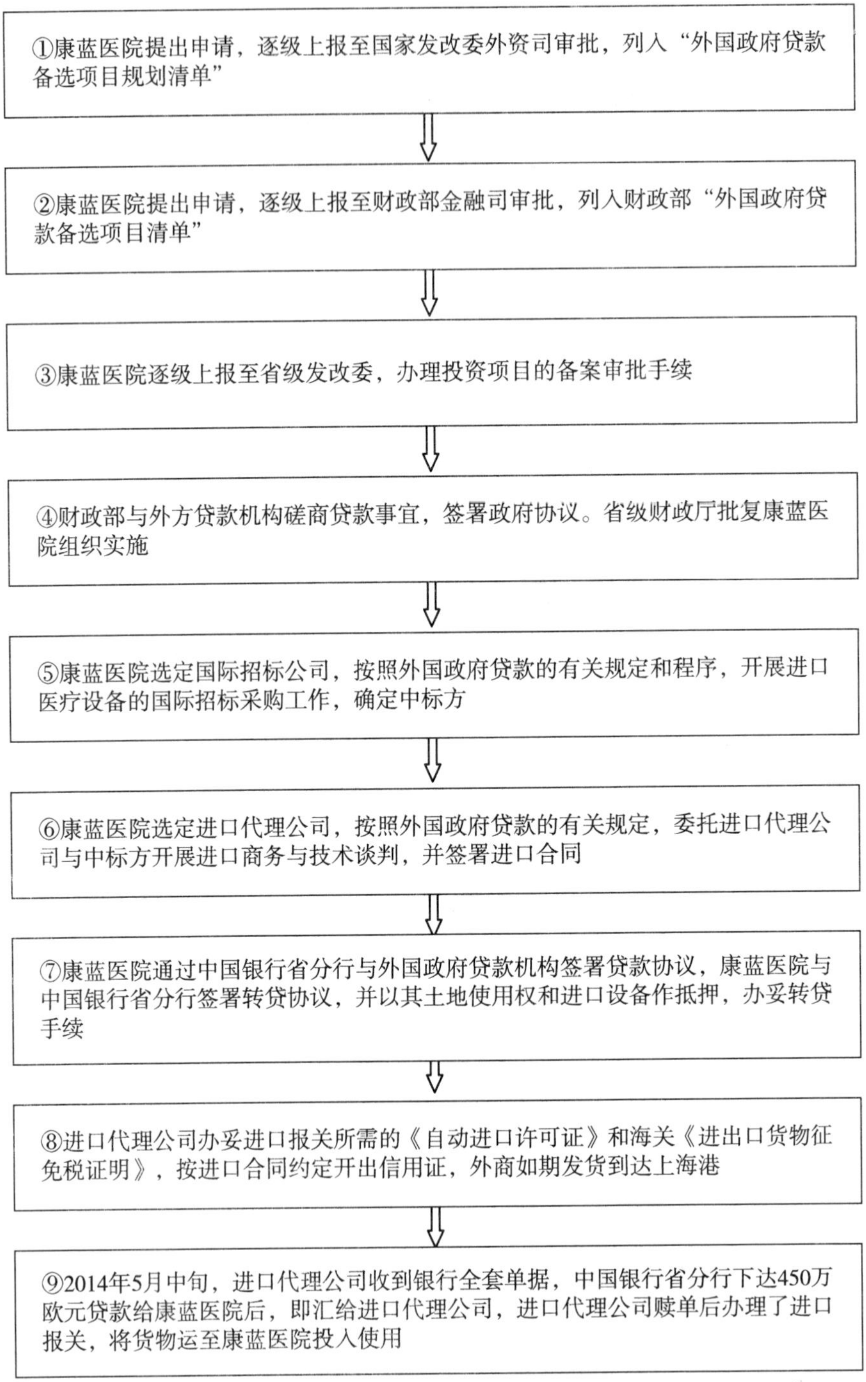

①康蓝医院提出申请，逐级上报至国家发改委外资司审批，列入"外国政府贷款备选项目规划清单"

⇩

②康蓝医院提出申请，逐级上报至财政部金融司审批，列入财政部"外国政府贷款备选项目清单"

⇩

③康蓝医院逐级上报至省级发改委，办理投资项目的备案审批手续

⇩

④财政部与外方贷款机构磋商贷款事宜，签署政府协议。省级财政厅批复康蓝医院组织实施

⇩

⑤康蓝医院选定国际招标公司，按照外国政府贷款的有关规定和程序，开展进口医疗设备的国际招标采购工作，确定中标方

⇩

⑥康蓝医院选定进口代理公司，按照外国政府贷款的有关规定，委托进口代理公司与中标方开展进口商务与技术谈判，并签署进口合同

⇩

⑦康蓝医院通过中国银行省分行与外国政府贷款机构签署贷款协议，康蓝医院与中国银行省分行签署转贷协议，并以其土地使用权和进口设备作抵押，办妥转贷手续

⇩

⑧进口代理公司办妥进口报关所需的《自动进口许可证》和海关《进出口货物征免税证明》，按进口合同约定开出信用证，外商如期发货到达上海港

⇩

⑨2014年5月中旬，进口代理公司收到银行全套单据，中国银行省分行下达450万欧元贷款给康蓝医院后，即汇给进口代理公司，进口代理公司赎单后办理了进口报关，将货物运至康蓝医院投入使用

图 1-11　康蓝医院申请外国政府贷款过程

康蓝医院最终获得北欧投资银行的 450 万欧元贷款支持,期限为 9 年,贷款年利率为 2%,前四年不还本、只付息,从第五年起每年归还 90 万欧元,该笔贷款利息支出计算如表 1-4 所示:

表 1-4 康蓝医院贷款利息

|  | 1～4年 | 第5年 | 第6年 | 第7年 | 第8年 | 第9年 | 合计 |
|---|---|---|---|---|---|---|---|
| 计息基数<br>(万欧元) | 450 | 450 | 360 | 270 | 180 | 90 | |
| 应付利息<br>(万元) | 307.08 | 76.77 | 61.416 | 46.062 | 30.708 | 15.354 | 537.39 |

这种融资方式与普通的固定资产长期贷款的财务成本相差很大,假设欧元汇率按 8.53 计并锁定欧元汇率,进口关税按 10% 计,固定资产长期贷款年利率按 6% 计(假设也按前四年不还本、只付息计算),则财务成本对比如表 1-5 所示:

表 1-5 融资财务成本比较

| 财务成本 | 外国政府贷款 | 固定资产长期贷款 |
|---|---|---|
| 9年的贷款利息(万元) | 537.39 | 537.39×3倍=1612.17 |
| 进口关税(万元) | 0 | 450×8.53×10%=383.85 |
| 转贷银行手续费(万元)<br>(按0.65%计算) | 450×8.53×<br>0.65%=24.95 | 0 |
| 合 计 | 562.34万元 | 1996.02万元 |

可见,康蓝医院获得该项外国政府贷款,不仅大大减轻了还款压力,节省了大量财务费用,而且免征了进口关税,缩短了投资回收期。

**【操作提示】**

康蓝医院利用外国政府贷款政策完成了进口医疗设备低成本融资,还减免了进口关税,一举两得。这种外国政府贷款不同于商业信贷,它虽具有贷款期限长、利率低、有宽限期、贷款条件优惠,但以下一些问题值得考虑:

(1)贷款的投向领域和资金使用方面限制较多,主要用于政府主导型项目建设,集中在农业、市政基础设施和公益事业、社会发展、环境保护等领域。

(2)外国政府贷款属主权外债,强调贷款的偿还。贷款管理程序比较规范、严格、复杂,审批流程耗时较长,通常从项目申报到贷款下达耗时需一年半左右,不适合于建设期限较短或建设时间较紧的项目。

(3)大多数国家政府贷款为限制性采购,贷款直接支付给本国供货商,通常第三国采购比例为15%～50%,50%～85%用于购买贷款国的设备和技术。因此,供货商的选择范围小,报价或中标价往往偏高。

(4)贷款货币币种由贷款国指定,汇率风险较大。在利用外国政府贷款时,应该充分考虑汇率变化因素,采取措施防范汇率风险。

(5)对项目单位的日常运营和管理要求高。外国政府贷款项目不管贷款金额大小,不论何种原因,只要不按时还本付息都会直接影响国际信誉。因此,必须制订严格还贷计划,落实可靠的担保。

(6)按照国家现行政策规定,外国政府贷款和国际金融组织贷款项目中的进口设备,可以免征进口关税,但《外商投资项目不予免税的进口商品目录》所列商品是不能免关税的。

# 八、委托代理进口业务开立90天远期信用证进口押汇融资方案

## 【金融模式】

进口押汇是开证银行为进口商提供的贸易项下短期融资业务,专门用于帮助进口企业资金周转,其融资期限一般不超过90天,即使90天内的远期L/C,其融资期限与远期期限相加一般也不超过180天。在国外供应商只接受90天内的远期L/C情况下,进口企业通过办理90天的进口押汇融资业务,实际上可获得180天远期付款低成本的融资。

在委托代理进口业务中,进口押汇融资业务也被广泛运用。开证申请人(进口代理商)为委托方(买方、最终用户)代理进口开立90天远期L/C后,卖方(国外供应商)发货交单,经过进口代理商审核无误后向开证银行办理远期L/C承兑手续,在远期L/C到期时再向委托方收取相应的货款并对外付款。若委托方因资金周转困难需延期付款时,进口代理商可为委托方申办进口押汇融资业务,由开证银行先行对外支付,在进口押汇到期时,委托方按协议付清融资款项,进口代理商向开证银行偿还进口押汇本息。进口押汇融资业务流程如图1-12所示:

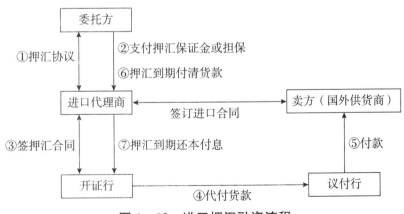

图1-12　进口押汇融资流程

根据上述进口押汇融资业务的特征,委托代理进口业务由进口代理商为最终用户提供 90 天远期 L/C 的进口押汇融资方案,如图 1 - 13 所示:

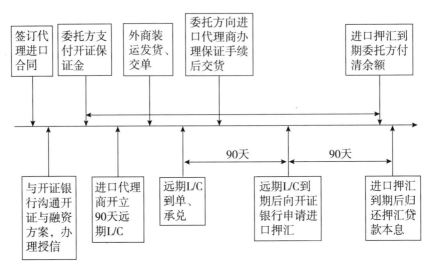

**图 1 - 13　进口代理商为最终用户提供 90 天远期 L/C 的进口押汇融资**

可见,委托方(最终用户)通过进口代理商获得了开证银行 3+3 个月的短期贸易融资,大大缓解了资金压力,降低了资金成本。此类进口押汇融资业务主要适用于:

(1)委托方进口货物所需资金不能及时到位,需要短期融资。一般情况下 3 个月的进口押汇融资业务,押汇利息加上汇率风险因素大多低于同期流动资金贷款利率。如果委托方没有此类授信品种,则可利用进口代理公司的融资平台解决短期资金的融通。

(2)委托方或进口代理商有其他更好的投资机会,且预期收益高于进口押汇成本。

**【运用过程】**

2013 年 4 月,浙江洪鑫齿轮有限公司(以下简称洪鑫公司)向意大利 G&T 公司采购一台数控磨齿机,合同总价 100 万欧元。付款方式为:合同签订后一周内预付 30%,交货前一个月,开出合同总额 70% 的 90 天远期 L/C。洪鑫公司银行授信额度不足,委托浙江致永设备进出口有限公司(以下简称致永公司)代理进口,进口代理费按合同金额 0.3% 计收。

合同生效后,致永公司代理洪鑫公司向外商支付了预付款 30 万欧元,7 月初按开证金额20％向洪鑫公司收取开证保证金后向银行申请开立90天远期L/C。设备出运后,外商随即交单。8月23日银行到单,远期付款日为2013年11月21日,单据审核无误。洪鑫公司向致永公司出具了付款保证函,保证到期日前向致永公司付清余款,随即致永公司办理银行承兑手续。

11月初,洪鑫公司因短期资金周转需要,与致永公司协商延期付款。按委托代理进口协议约定,延期付款应按月1‰支付违约金,但致永公司认为洪鑫公司经营状况正常,还款风险较小,同意不收取违约金,向开证行申请进口押汇融资,以增加融资时间。致永公司授信充足,银行批准了其押汇申请,押汇年利率为5％,期限为2014年2月19日到期。洪鑫公司在押汇到期前按时付清了余款本息及代理费。

本次业务连续两次融资,即90天远期L/C及90天进口押汇,若资金占用成本按年8％计算,2013年8月23日欧元汇率为8.2035,2013年11月21日欧元汇率为8.2088,2014年2月19日欧元汇率为8.3943,L/C金额70万欧元,已付20％保证金,实际押汇56万欧元,开证手续费和远期L/C承兑费按0.3‰计,进口押汇服务费按0.3‰计算,则洪鑫公司的融资成本及效益如表1-6所示:

**表1-6　洪鑫公司融资成本及效益**　　　　　　单位:万元

| | 减少资金占用成本 | 融资费用 | 汇兑损益 | 融资收益 |
|---|---|---|---|---|
| 90天远期L/C融资 | 56万欧元×8.2035×8％×3/12=9.19 | 100万欧元×8.2035×(0.3‰+0.3‰)=4.922 | 56万欧元×(8.2035-8.2088)=-0.3 | 9.19-4.922-0.3=3.968 |
| 90天进口押汇融资 | 56万欧元×8.2088×8％×3/12=9.19 | 56万欧元×8.2088×(5％×3/12+0.3‰)=7.13 | 56万欧元×(8.2088-8.3943)=-10.39 | 9.19-7.13-10.4=-8.33 |

可见,在远期L/C和押汇操作过程中,欧元汇率波动对融资收益产生很大影响。若融资期限内汇率波动较小,则融资收益为正;若人民币升值,则融资收益增加;若人民币贬值,则融资收益可能为负。

实际操作中,洪鑫公司若委托致永公司在办理进口押汇的同时进行锁汇,可以有效规避汇率风险,获得良好的资金效益。2013年11月21日银行询价三个月远期欧元汇率为8.2407,锁汇后融资收益计算如表1-7所示:

表 1 - 7　锁汇后融资收益　　　　　单位:万元

|  | 减少资金占用成本 | 融资成本 | 汇兑损益 | 融资收益 |
|---|---|---|---|---|
| 90 天押汇融资,远期锁汇 | 56 万欧元×8.2088×8%×3/12＝9.19 | 56 万欧元×8.2088×(5%×3/12＋0.3%)＝7.13 | 56 万欧元×(8.2088－8.2407)＝－1.79 | 9.19－7.13－1.79＝0.27 |

相对未做锁汇,汇率损失减少 10.39－1.79＝8.6 万元,融资收益为正,达到了预期的融资效果。

在操作过程中,致永公司可获得代理服务费:

100 万欧元×0.3‰×8.2035＋56 万欧元×0.3‰×8.2088＝3.84 万元

致永公司利用其银行授信平台,向洪鑫公司提供了 90 天远期 L/C 和 90 天进口押汇融资服务,使洪鑫公司获得了有效的资金融通,大大缓解了设备引进过程中的资金压力,降低了资金成本,设备顺利投产后很快产生效益。同时,致永公司也获得了收益。

**【操作提示】**

委托代理进口业务中远期 L/C 项下的进口押汇业务是进口代理商根据委托方的实际经营需求提供的一种配套融资支持,融资成本低。在实际操作中,应注意以下几个方面:

(1)远期 L/C 加押汇业务是两项融资业务的叠加,意味着风险的叠加,因此,进口代理商要十分谨慎。首先应充分了解委托方的资信和经营状况、融资目的及还款的能力;其次,要做好货权转移时的担保手续,并明确违约责任。货物是机器设备,风险相对较低,如果是原材料,则风险就大了,要加强担保措施,防止委托方套取银行资金,用于其他投资。

(2)应根据自身的资金需求、融资能力及融资成本情况,制定最有利的融资方案。融资主体因其自身融资能力的不同,融资成本也不同。本案例以资金成本年 8%进行分析,实际操作中可能更高,融资盈亏临界点也不同,不能一概而论。

(3)对于汇率波动较大的币种,远期 L/C 到期时汇率累积的风险增大,进口押汇更要谨慎。如确有融资需求,可考虑在押汇的同时通过锁汇来锁定成本,降低风险。

(4)进口押汇可以通过境外代理行(通常是开证行的境外分支机构)进行支付,也就是海外代付。海外代付的融资成本通常略低于进口押汇,不占用开证行资金,且不仅用于 L/C,还可用于托收及 T/T 的付款。海外代付有很多优势,但因涉及境外代理行及境外融资,不确定因素较多,因此,实际操作中较少采用。

# 九、减免税进口设备委托代理进口如何运用银行按揭贷款业务

## 【金融模式】

设备按揭贷款是指企业以机器设备为载体向银行抵押,采取一次性固定资产贷款、分期还款方式以解决企业购买设备大部分款项,减少企业资金负担。中小企业由于自身实力和信用比较低,向银行申请贷款比较困难,设备按揭贷款业务引进第三方担保,以第三方的信用、自身信用以及设备抵押,通过信用叠加来降低银行的风险,达到多方共赢。

设备按揭贷款融资成本比起民间融资成本低得多。由于是固定资产贷款,期限相对较长(2~3年),等额分期偿还,加上支付担保费其融资成本略高于同期商业银行的流动资金贷款利率,机器设备可以加速折旧,还使企业获得税收等方面的好处,综合成本大大低于民间融资和融资租赁成本。

进口代理公司作为第三方担保项下的按揭贷款业务结构如图 1-14 所示:

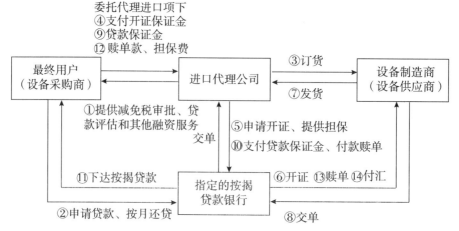

**图 1-14    进口代理公司作为第三方担保的按揭贷款业务流程**

申请此类按揭贷款业务的条件是:

　　(1)企业一般成立年限要求在 2 年以上;进口设备应以"通用性、保值性及变现性好"为原则,为全新设备。

　　(2)进口设备按完税后(含关增税)的价格为基础,首付比例 30%;企业需交纳贷款额约 5%的保证金,同时需办理财产保险,设备抵押给按揭贷款银行。

　　(3)按揭贷款期限为 2~3 年,贷款利率以人民银行同期公布的三年期固定资产贷款基准年利率上浮 10%~30%,采用"等额还款法"和"等本还款法"两种。

　　(4)由按揭贷款银行可接受的担保公司或进口代理公司提供贷款担保,当借款企业逾期还款时,由担保方代偿。

## 【运用过程】

　　浙江纤古机床工具有限公司(以下简称纤古公司)主要生产高精度数控刀具,产品全部出口。2013 年 1 月,纤古公司利用现有厂房和生产设施,实施"年产 1 万件(套)三轴以上联动、高精度数控机床刀具技改项目",项目总投资 755 万元,拟从瑞士进口一台数控刀具磨床,进口用汇额 80 万美元。纤古公司向省级投资管理部门咨询后,该项目可以申请享受国家进口设备免征关税的优惠政策。于是,纤古公司委托有甲级咨询资质的设计院编制了《项目可行性研究报告》,并在企业所在地办理了项目备案。同时,办妥了技改项目的环境影响评估和节能评估的批复,在"浙江省工业投资(技术改造)管理系统"网上申请备案,经审批取得了《国家鼓励发展的内外资项目确认书》(以下简称《确认书》)。随后,纤古公司持《确认书》等相关资料向属地海关申请备案和审批,经海关批准取得了《进出口货物征免税证明》(以下简称《免表》),即该设备在进口时可免征进口关税。

　　纤古公司因自有资金不足,准备用进口设备作抵押向银行申请设备按揭贷款来解决部分进口设备的资金,纤古公司凭自身实力很难获得银行贷款,因此委托一家省级外贸公司为其提供贷款担保,并委托代理进口该设备。

　　纤古公司的进口设备在进口时需缴纳进口增值税,因此按揭贷款的基数应该包含进口增值税。此次进口总成本约 80 万美元×6.1 汇率×1.17≈571 万元,纤古公司向银行申请贷款 400 万元。数控刀具磨床进口以后可立即投入生产,见效很快,投产后的盈利是第一还款来源,经测算采用按揭贷款模式符合公司还款能力。

　　纤古公司在确定好进口设备型号和贷款金额后,向贷款银行提交了贷款申请材料,进口代理公司为其提供连带还款保证,并用该台进口设备作抵押。经过银行的考察、评估,批准了该笔按揭贷款项目,纤古公司与进口代理公司谈好代理条件,签订《委托进口代理协议》和三方进口《合同》,进口代理公司收到纤古公司的开证保证金后在该贷款银行开立了即期信用证。

　　按揭贷款的放贷流程如图 1-15 所示:

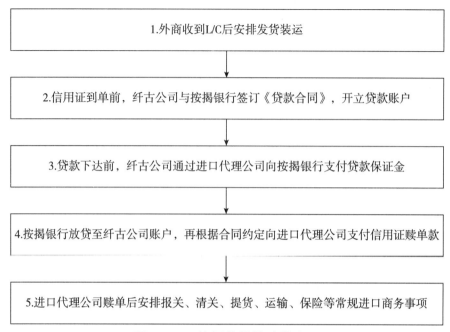

图 1 – 15　按揭贷款的放贷流程

根据海关相关法规规定,特定减免税进口货物如果抵押给银行,必须事前向属地监管海关办理备案。于是纤古公司委托进口代理公司向按揭贷款银行提交了《担保函》(见附件4)申请办理《进口减免税货物贷款抵押承诺保证书》(见附件5),同时纤古公司向进口代理公司出具了《保证函》(见附件6)。纤古公司持《进口减免税货物贷款抵押承诺保证书》等相关资料向属地海关备案,办理了该设备抵押审批手续。

随后,纤古公司办理了该进口设备财产保险,并持进口代理服务发票向当地工商局办理了设备抵押登记(见附件7)递交给贷款银行。

【操作提示】

设备按揭贷款业务是最终用户用设备融资的便捷方式之一,是破解中小企业融资难的有效途径。进口设备按揭贷款业务,除了进口商务操作以外,需要与贷款银行密切配合,处理好以下问题:

(1)进口减免税货物以企业自用为目的,在办理海关免税进口设备抵押事项前,应向属地海关现场业务处咨询相关规定,不得擅自将设备抵押给银行或移作他用。

(2)在海关监管年限内,减免税申请人要求以减免税货物向金融机构办理贷款抵押的,应当向海关提出书面申请。经审核符合有关规定的,海关可以批准其办理贷款抵押手续。减免税申请人不得以减免税货物向金融机构以外的公民、法人或者其他组织办理贷款抵押。

(3)减免税申请人以减免税货物向境内金融机构办理贷款抵押的,应向海关提供下列形式的担保:

①与货物应缴税款等值的保证金;

②境内金融机构提供相当于货物应缴税款的保函;

③减免税申请人、境内金融机构共同向海关提交《进口减免税货物贷款抵押承诺保证书》,书面承诺当减免税申请人抵押贷款无法清偿需要以抵押物抵偿时,抵押人或者抵押权人先补缴海关税款,或者从抵押物的折(变)价款中优先偿付海关税款。

减免税申请人以减免税货物向境外金融机构办理贷款抵押的,应当向海关提交本条第①项或者第②项规定形式的担保。

(4)在银行贷款未还清期间,企业每年必须向主管海关续办抵押备案手续。在进口减免税设备监管期限到期后,在海关监管期内未发生违反海关监管规定行为的可以自动解除监管。

(5)应在银行批准按揭贷款或者确认可放贷且贷款金额与自有资金足够支付设备货款以后,方可开立信用证。

(6)在办理海关《进口减免税货物贷款抵押承诺保证书》时,既可由进口代理公司向银行承诺,也可以最终用户向银行承诺,具体应根据银行和海关的要求协商而定。

# 十、进口设备运用按揭贷款模式与融资租赁模式的融资转换方案

## 【金融模式】

进口设备按揭贷款业务是指企业以进口设备向银行抵押,采取一次性固定资产贷款、按月分期还款方式来解决企业购买设备的一种贷款方式。进口设备按揭贷款业务,除了常规进口商务操作以外,需要与贷款银行密切配合,把握好每个环节,作好预案。它的特点是审批快、贷款期限长、还款压力小、融资成本比较低,手续方便。

融资租赁业务是指出租人根据承租人对租赁物的选择,向出卖人购买租赁,提供给承租人使用,承租人支付租金。融资租赁业务涉及出租人、承租人、进口代理商和供货商的交易,四方相互关联、相互制约;租期相对较长,也可视具体情况而定;租金包括了设备价款、租赁手续费和融资利息;设备所有权属于出租人,设备使用权属于承租人,设备所有权与使用权长期分离;租赁期满,承租人有优先选择廉价购买租赁资产的权利,也有续租或退租的选择权;融资租赁以租赁费形式直接摊入承租人的财务成本。

企业在采购机器中,将根据自身的需要,选择设备按揭贷款业务或融资租赁业务,也可以在设备按揭贷款业务运用过程中灵活地切换为融资租赁的模式。

## 【运用过程】

浙江诺新电子科技有限公司(以下简称诺新公司)为民营企业,成立于2008年10月,主要生产经营太阳能级单晶硅棒和太阳能级单晶硅片,注册资本为1500万元人民币。2009年以来,整个太阳能行业呈现出一派繁荣景象,诺新公司订单不断,打算再购入2台多线切片机,价值约150万美元,此时,诺新公司自有采购资金不足,浙江智恒进出口公司(以下简称智恒公司)得知诺新公司这一情况,向诺新公司推荐利用设备按揭贷款融资为其采购设备融资,与其签订了《代理进口合同》,并协助诺新公司向杭州联合银行申请了进口设备按揭贷款业务,且在设备向外商支付赎单款之前获得贷款,设备按揭贷款流程如图1-16所示:

设备到港后,智恒公司办理进口相关手续,设备于2009年11月份顺利到场,

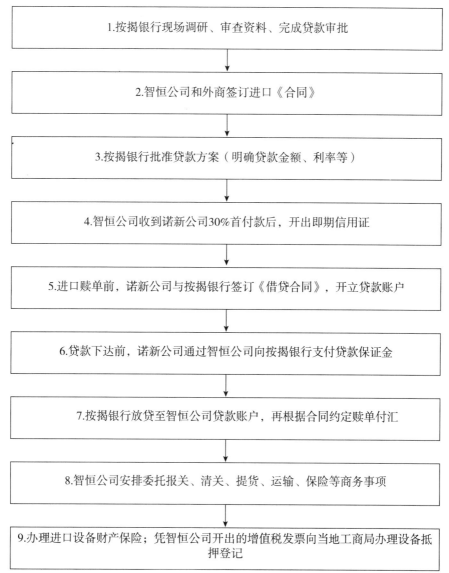

1.按揭银行现场调研、审查资料、完成贷款审批

2.智恒公司和外商签订进口《合同》

3.按揭银行批准贷款方案（明确贷款金额、利率等）

4.智恒公司收到诺新公司30%首付款后，开出即期信用证

5.进口赎单前，诺新公司与按揭银行签订《借贷合同》，开立贷款账户

6.贷款下达前，诺新公司通过智恒公司向按揭银行支付贷款保证金

7.按揭银行放贷至智恒公司贷款账户，再根据合同约定赎单付汇

8.智恒公司安排委托报关、清关、提货、运输、保险等商务事项

9.办理进口设备财产保险；凭智恒公司开出的增值税发票向当地工商局办理设备抵押登记

**图 1－16　设备按揭贷款流程**

2009 年 12 月投产使用。

2010 年 3 月,光伏行业突变,市场供过于求,同行企业接二连三倒闭破产,此时诺新公司也出现产品滞销,资金链断裂,银行的按揭贷款也无法按时还款。诺新公司为了解困,将这两台设备按揭贷款模式转换成设备融资租赁,先通过小额贷款公司(月利率为 1.5%)将剩余的银行按揭贷款提前还清,解除了设备抵押,并通过融

资租赁公司为诺新公司提供租期为3年的融资租赁回租服务。融资租赁公司综合评估后批准给予第一年度前半年免租金、租期3年的融资租赁支持,以保障诺新公司正常运行。在诺新公司与融资租赁公司办妥相关融资租赁手续后,融资租赁公司对融资租赁项下设备办理放款,诺新公司在收到该笔融资租赁款后偿还了小额贷款公司的贷款,化解了一场企业危机,成功将设备按揭贷款融资方式转换成融资租赁方式,挽救了企业。业务模式转换流程如图1-17所示:

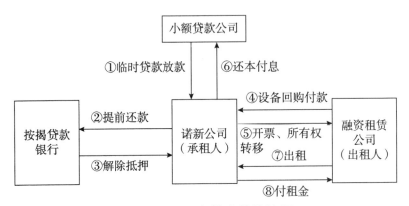

**图1-17　业务模式转换流程**

## 【操作提示】

进口设备按揭贷款业务和融资租赁业务是中小企业(最终用户)常用的融资方式,两种融资模式各有特点,要根据企业自身情况进行选择,相互之间也可以转换,在转换之前要协调好各方利益、财务与法律关系,设计好操作流程图,考虑好细节问题,以防出险或造成经济损失。主要把握以下几点:

(1)按揭贷款业务能及时解决企业购买设备资金压力,但对于提供担保的公司存在风险。贷款企业在行业发展良好的情况下选择按揭贷款业务能顺利解决企业贷款需求,但一旦发生市场行情骤变,企业无法按时偿还按揭贷款时,担保公司将受到牵连。

(2)按揭贷款审批手续需与进口合同同步操作,银行放贷和外商发货时间应衔接好,必须等银行贷款批复方可开证,以便及时支付赎单款和进口税金。

(3)进出口公司应跟踪企业情况,发生企业无法按时偿还按揭贷款时,需采取及时的补救措施,帮助企业通过其他方式重新融资解困。如果由进出口公司提供担保则要谨慎对待。

(4)一般情况下,采用设备按揭贷款业务模式切换成融资租赁业务模式比较容易操作。由于按揭贷款业务的综合财务成本比融资租赁业务略低,有些企业在开展融资租赁业务过程中,如果能获得银行项目融资或按揭贷款,也可以切换模式(如图1-18所示)。

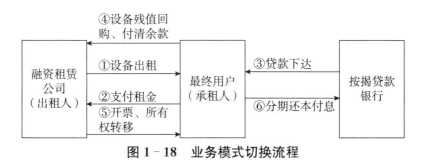

**图1-18　业务模式切换流程**

可见,上述业务模式切换的操作方式也比较便捷。

# 十一、设备按揭贷款业务项下的配套 转口贸易融资经济性分析

**【金融模式】**

在进口贸易实务中,采用银行按揭贷款方式是进口商(最终用户)较合适的一种融资方式,但这种方式除设备抵押给银行和需要提供第三方担保以外,有时银行还会提出需配存一定比例存款的需求。在这种情况下,考虑到资金成本,有些进口商(最终用户)会选择依托金融服务商的融资功能来满足银企双方的要求。

该类业务合作的关系和流程如图 1-19 所示:

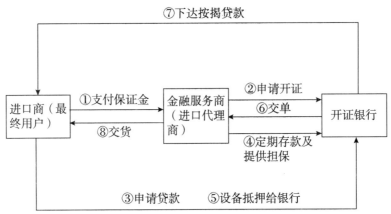

**图 1-19　金融服务商的融资功能**

如图 1-19 所示中的④定期存款业务,通过筹集一笔借款存入按揭贷款银行,凭此存单向银行办理质押外币贷款,做一笔大宗商品进口转口贸易来实现按揭贷款业务的操作,具体分两步操作(如图 1-20 所示):

**【运用过程】**

2012 年 5 月,浙江意达袜业制造有限公司(以下简称意达公司)为扩大生产能力,提高工艺水平,拟从德国进口 200 台袜机,合同总金额 400 万欧元,意达公司委

第一步：

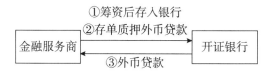

第二步：

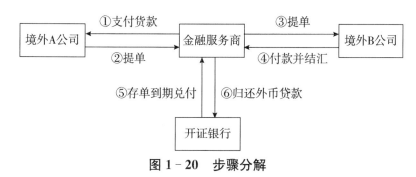

图 1－20　步骤分解

托了浙江东润技术进口有限公司(以下简称东润公司)代理进口,合同付款结构为 40％T/T＋60％L/C。合同签订后,意达公司通过东润公司向德国外商支付了 40％货款,一周后通过东润公司开出了合同金额 60％L/C,信用证开立前,意达公司向银行申请设备按揭贷款,除了设备抵押给银行以外,银行要求意达公司或进口代理公司存入 2000 万元 6 个月的定期存款方可批准按揭贷款。而意达公司无法解决定存问题,东润公司作为进口代理商为使意达公司按揭贷款如期下达,决定采用进口电解铜转口贸易的方式解决银行定存资金,具体操作如下:

(1)电解铜转口贸易流程:

7 月 18 日,东润公司作为买方与境外 A 公司签订了合同金额为 312 万美元的《采购合同》,7 月 19 日筹借了 2000 万元存到开证银行,定存 6 个月,7 月 20 日东润公司凭存单质押向开证银行贷款 312 万美元,开证银行向境外 A 公司支付 312 万美元货款。

7 月 21 日,东润公司收到境外 A 公司的提单,电解铜货权转移给东润公司。

7 月 25 日,东润公司作为卖方与境外 B 公司签订了合同金额为 313 万美元的《销售合同》,7 月 25 日,东润公司将提单背书后交给境外 B 公司,货权由东润公司转移到境外 B 公司。

8 月 1 日,东润公司收到境外 B 公司 313 万美元货款,收汇后马上结汇,归还了 2000 万元借款。

（2）上述转口贸易成本核算：

①收到银行美元贷款：312 万美元×6.3112（汇率 1：贷款当天银行折算价）＝19690944 元

②归还银行美元贷款：312 万美元×6.3547（汇率 2：9 月 26 日向银行办理的远期锁汇汇率）＝19826664 元

③收到 B 公司货款：313 万美元×6.3578（汇率 3：收汇结汇汇率）＝19899914 元

④人民币存款半年利息：2000 万元×年利率 3‰÷2＝300000 元

⑤美元贷款利息：312 万美元×月利率 2.67‰×6 个月×6.3547（汇率 4：美元还款时的汇率）＝317623.2 元

⑥东润公司外借资金的融资成本（假设借款利息为年 8‰）

2000 万元×8‰×10 天/360 天＝44444.4 元

最终东润公司收支结果为：

（收到贷款 19690944 元－归还贷款 19826664 元）＋（收到货款 19899914 元－支付货款 19690944 元）＋存款利息 300000 元－贷款利息 317623.2 元－融资成本 44444.4 元＝11182.4 元。

此项进口转口贸易业务 10 天时间收回了货款，解决了银行按揭贷款所需的定期存款的资金来源。随后，意达公司通过东润公司代理进口，如期获得了银行设备按揭贷款 2000 万元付清了 L/C 项下的 60% 货款，200 台袜机如期进口报关、安装投产使用，缓解了资金压力，减少了财务费用，东润公司不仅增加了进口贸易量，而且从电解铜进口的转口贸易中还获得了利益。

## 【操作提示】

进口设备按揭贷款业务是银行的金融服务产品，但在银企合作中，往往会追加配套存款、存单质押等贷款条件，而通过操作一笔进口转口贸易的业务完全可以实现间接融资的目的。对于进口转口贸易的业务操作，进口商要把握以下几个方面：

（1）了解贸易合作的交易关系，落实担保，控制好交货风险。转口贸易货权转移和首付款时间上有"先交单后收款"和"先收款后交单"两种支付方式，"先交单后收款"有很大风险，在订立合同中必须与买方有明确的逾期付款罚款条款和违约责任，在不熟知供货（卖方）和最终用户（买方）的情况下不得轻易交单放货。为了预防风险，进口商可要求最终用户（买方）提供境内第三方公司的付款担保或《银行保函》后才可交单放货。

（2）转口贸易开展之前，要向属地海关、外汇管理部门和开证银行了解相关的法律法规及审批程序，重点分析转口贸易全过程的操作事项，把握好每个货权转移风险节点,确保风险可控。要严防利用假提单、假仓单的转口贸易交易,要与银行共同审核单据的真实性,每一笔提单单据都要核对,严防商业欺诈或利用虚假的转口贸易背景融资套利套汇。

(3)要事先核算好成本和利润,注意汇率变动和存贷款利率差。转口贸易操作前要进行各项成本核算,分析利润与风险的关系,在符合法律法规、有利可图的前提下方可操作。转口贸易一般不可能有高额利润。本案中,东润公司买进卖出虽有1万美元价差收入,但时而价差会倒挂。做存单质押外币贷款还要注意以下因素:

①汇率的波动:本案出现了4个汇率。其中汇率1是开证银行放贷当天的银行折算价。汇率2是6个月美元贷款到期之前东润公司锁汇当天的汇率,可锁定也可不锁定,可在放贷当天锁也可在贷款到期日前任何一天锁定,此汇率的变动将直接关系到归还美元贷款的成本,最终影响转口贸易的利润。汇率3是东润公司收到最终用户(买方)货款后的结汇汇率,可以收汇当天结汇,也可以选择汇率高时结汇,但会产生资金占用成本。汇率4是美元贷款归还时的汇率(若锁汇即汇率2)。在实际操作过程中,应尽可能缩小汇率1和汇率2的汇率差,汇率差越小,还贷金额越小。收汇后早结汇早变现,但结汇汇率不一定理想,这就需要推算资金占压的成本。

②存款利率与贷款利率差:东润公司在银行申办的美元贷款利率是月2.67‰,人民币存款利率为月2.5‰,两者差越小,存贷款的亏损就越小。

③人民币定存资金的借款成本:应视借款方自有资金实力或当地民间资金短期借款利息情况而定。

可见,汇率和利率对转口贸易的成本核算很关键。

第二篇

# 远期付款融资方式

在国际贸易合作过程中,交易条件和结算方式越来越呈现多样性、灵活性、复杂性,远期信用证付款方式是国际贸易结算中最简便、最安全、成本最低的一种融资工具,已被进口商广泛运用。信用证结算必须遵守《信用证统一跟单惯例》(UCP600),它不仅具有结算规范、付款安全、收款及时等特点,而且从信用证的开证、备货、装运到交单、付款、收款到账,为进口商创造了很好的时间空间,低成本、间接地实现了融资功能,为进口商缓解了资金压力,创造了财务收益。远期信用证付款方式实质上是一种短期融资。因此,对于进口代理商和开证银行来说,开立远期信用证有较大的风险,如何规避开证风险是个难题。

本篇列举了一些运用即(远)期信用证付款方式的案例,对于如何防范和控制进口风险,采用了一些切实可行的方法和措施,操作性、灵活性和技巧性都比较强。

# 一、代理进口业务开立远期信用证的风险分析

## 【金融模式】

远期信用证是指开证行或付款行收到信用证的单据时,在规定期限内履行付款义务的信用证,是银行(即开证行)依照进口商(即开证申请人)的要求和指示,对出口商(即受益人)发出的、授权出口商签发以银行或进口商为付款人的远期汇票,保证在交来符合信用证条款规定的汇票和单据时必定承兑,等到汇票到期时履行付款义务的保证文件。

代理进口开立远期信用证业务流程如图2-1所示:

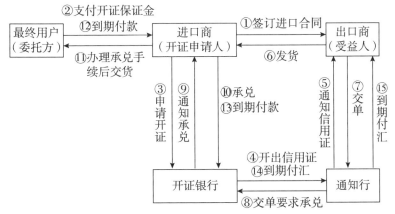

**图 2-1　代理进口开立远期信用证业务流程**

远期信用证实际上是银行对进口商(委托方)的一种融通资金方式,因其成本低、出口商易接受、银行易开证,进口商(委托方)较多地使用这种方式。远期信用证也是赊账,极具融资功能,因此必然存在风险。在代理进口实务中,往往受到开证银行的授信条件、供应商的接受程度与进口代理商风控要求等因素影响,代理进口合作方式呈现多样化,尤其是180天远期信用证可能受到国家外债额度的限制。因此,进口代理商采用180天远期信用证的融资模式,在风险防范和控制方面需要特别谨慎对待,考虑周全,在为委托方提供融资便利、减轻资金压力和财务成本的

同时,要把融资风险降到可控范围内。

## 【运用过程】

浙江励杰设备进口有限公司(以下简称励杰公司)代理杭州天麦食品有限公司(以下简称天麦公司)向瑞士 BULER 食品机械公司(以下简称 BULER 公司)进口巧克力生产线一条。2013 年 3 月 3 日,三方签订了《进口合同》,合同总金额为 CIF 上海 150 万欧元。《进口合同》约定:在合同签订后十个工作日内,励杰公司向 BULER 公司开出合同金额 100% 的见单后 180 天远期信用证,BULER 公司在收到励杰公司信用证后组织生产,交货期为收到信用证后的 4 个月内。

励杰公司在《进口合同》签订前已向有授信额度的银行咨询能否开立 180 天远期信用证。3 月 4 日,励杰公司向多家开证银行分别汇报了此次开证的产品内容、开证要求、合同签订情况、天麦公司以及 BULER 公司的基本情况,几家银行研究后向励杰公司提出开证要求和收费标准,经过比价和协商后,励杰公司决定向建设银行省分行申请开立远期信用证。

励杰公司在确定开证银行后,与天麦公司谈判,制定了《委托进口代理协议》。为了控制风险,励杰公司与天麦公司在以下几个方面作了约定:

(1)提高开证保证金比例。在进口合同没有预付款的情况下开立 100% 的远期信用证,进口代理商为了防止开证后天麦公司弃货或逾期付款,通常收取较高的开证保证金。励杰公司了解了天麦公司的财务报表、销售情况、银行贷款情况以及付款实力后,决定收取 30% 的开证保证金。

(2)办妥开证担保、承兑交单手续。远期信用证是在开证申请人收到开证银行的到单通知后,开证申请人先行作出必定付款的承诺,待远期信用证到期后再付款。因此,远期信用证的开证担保及承兑手续很重要。励杰公司在开证前要求天麦公司追加第三方以及法定代表人夫妇担保,而且第三方必须是有实力的企业,净资产大于信用证到期付汇金额。励杰公司收到 30% 的开证保证金,并办妥上述担保手续后,一旦发生到期付汇无法支付 70% 款项时,励杰公司即可要求担保方承担连带付款责任。

(3)分析双方各自的融资成本,向天麦公司合理收取代理费。远期信用证不同于即期信用证,远期天数不同,资金节省时间不同,风险不同,收益也不同。通常风险和收益应该对等,高风险的业务一定要有高收益。

180 天远期信用证是风险很大的业务,代理进口业务采用远期信用证应有相应回报,不能当作即期信用证来使用。先测算一下天麦公司的时间成本和收益对比(以本案 150 万欧元为例,假设资金成本按 1%/月计,外商对每延期 3 个月涨价 1%

计,即期信用证和远期信用证开证保证金分别按 20% 和 30% 收取,交货期按 4 个月,欧元汇率按 8.3 计算),如表 2-1 所示:

**表 2-1 天麦公司时间成本和收益测算**

|  | 保证金成本（万元） | 远期L/C节省资金收益(万元) | 采用远期L/C涨价成本(万元) | 进口代理费收取（万元） | 银行承兑费（万元） | 合计成本（万元） |
|---|---|---|---|---|---|---|
| 即期L/C | 150×20%×8.3×4×1%=9.96 | / | / | 按0.3%计收:3.735 | / | 9.96+3.735=13.695 |
| 90天远期L/C | 150×30%×8.3×4×1%=14.94 | 150×8.3×3×1%=−37.35 | 按涨价1%计:150×8.3×1%=12.45 | 按0.7%计收:8.715 | 按0.02%/月计:150×8.3×0.02%×3=0.747 | 14.94−37.35+12.45+8.715+0.747=−0.498 |
| 180天远期L/C | 150×30%×8.3×4×1%=14.94 | 150×8.3×6×1%=−74.7 | 按涨价2%计:150×8.3×2%=24.9 | 按1%计收:12.45 | 按0.02%/月计:150×8.3×0.02%×6=1.494 | 14.94−74.7+24.9+12.45+1.494=−20.916 |

可见,励杰公司如果开立即期信用证,天麦公司就要产生 13.695 万元财务费用,而采用 180 天远期信用证,天麦公司可创造 20.916 万元财务收益。天麦公司利用励杰公司的授信资源来开立远期信用证,大大节省财务费用,远期信用证时间越长,收益越大,而励杰公司开立远期信用证在即期信用证基础上提高进口代理费则理所应当,体现出风险和收益的关系,双方互惠互利。

励杰公司根据上述风险与收益分析,与天麦公司谈妥了采用远期信用证的进口代理费和担保方案,明确了双方的权利义务、支付与结算方式及其他特别约定。3月10日,天麦公司向励杰公司支付30％的开证保证金,励杰公司向建设银行省分行递交了180天远期信用证的开证申请书。6月10日,励杰公司收到BULER公司的全套单据,励杰公司即向建设银行省分行办理了承兑手续。

**【操作提示】**

在代理进口贸易中,由于远期信用证项下付款时间较长,国家风险、最终用户风险、市场状况不易预测,向开证银行承兑后,信用证项下付款责任就转变为票据上的无条件付款,这就是远期信用证比即期信用证风险更高。进口代理商要把握好每个环节,做好预案。主要注意以下问题:

(1)远期信用证的开证保证金尽可能在开证金额的30％及以上。

(2)对远期信用证的敞口必须要由委托方提供可靠的担保条件。

(3)货权转移前或远期信用证承兑时要求收齐等额银行承兑汇票。

(4)采用远期信用证方式结算的合同除了明确汇率风险由委托方承担以外,应根据以下不同情况采取对应的措施(如表2-2所示):

表2-2　不同情况的应对措施

| 交货状态 | 合同约定 | 相应措施 |
|---|---|---|
| 第一种情况:委托方付清承兑款后交货 | ①付清承兑款再交货 ②与委托方签订即期L/C,与供应商签订远期L/C(可向委托方作经济补偿) | 未能支付承兑款时,要求委托方提供银行承兑汇票,并承担贴现利息。否则暂不交货,待补充保证条件后再交货 |
| 第二种情况:委托方支付部分承兑款后交货 | ①在交货前付清货款或支付承兑汇票后放货 ②对剩余货款由委托方提供第三方保证后放货 | 承兑前若委托方只能支付部分承兑款,部分延期支付时,应要求委托方提供银行承兑汇票或办理进口代理商可接受的保证后放货 |

**续　表**

| 交货状态 | 合同约定 | 相应措施 |
| --- | --- | --- |
| 第三种情况：先放货，在远期到期付汇前付清余款 | ①在远期信用证到期付汇前5～15天内付清余款，明确因逾期付款应承担的违约责任。<br>②办妥有效保证 | 出现委托方远期信用证到期不及时支付余款时，进口代理商应采取以下措施：<br>①先办进口押汇手续，以缓解资金压力；<br>②发催款函及律师函至委托方；<br>③向委托方追回货物；<br>④启动合同约定的保证措施，必要时进入法律诉讼程序进行维权 |

(5)远期信用证项下的进口货物不同，担保方式也不同。对于一些通用类设备、保值性高、价格波动小的货物，不宜采用要求过高的担保方式，对于大宗商品进口、货物容易流通、转口贸易、原辅材料进口以及交货后物质形态会改变的进口货物，必须使用严密的担保方式。

(6)远期信用证开立时间不同，风险不同，双方的收益也不同，风险与收益密切相关。

# 二、代理进口业务开立远期信用证
# 风险敞口的担保措施运用

## 【金融模式】

最终用户进口货物为了减轻资金压力,往往采用远期信用证支付方式,而没有授信条件的最终用户无法开立远期信用证,只能通过进口代理商的融资平台来间接融通资金。对最终用户而言融通了资金,在没有付清货款之前拿到了货物,但对进口代理商而言,则带来了很大的风险。如何防范和控制这种风险,有很多的应对方法,房产抵押是一种简单有效的担保措施,越来越多地被运用在委托进口代理业务中。

首先分析一下代理进口开立远期信用证业务流程,如图2-2所示:

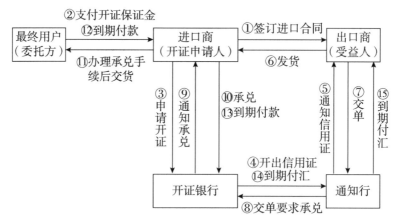

**图2-2　代理进口开立远期信用证业务流程**

(1)远期信用证实际上是银行对进口商(委托方)的一种融通资金方式。在最终用户委托进口代理商开立远期信用证后,进口代理商承担了信用证到期向银行付款的全部责任,而在远期信用证到期付汇前,进口代理商已将货物交给最终用户,风险由此变大。

(2)虽然最终用户向进口代理商支付一定比例的开证保证金,但一旦交货,就出现远期付款的风险敞口(信用证付款金额减去开证保证金),这一风险敞口如果没有保证措施,很可能给进口代理商带来收款风险或经营被动。因此,进口代理商如果与最终用户没有业务合作基础或没有把握,在开立远期信用证前应要求最终用户提供有效担保或足额财产抵押,从而降低贸易风险。

## 【运用过程】

2014年5月,浙江展宇光电有限公司(以下简称展宇公司)为扩大产能,拟从韩国GIG公司进口2台干蚀刻机,合同总价为100万美元,韩国GIG公司考虑到展宇公司资金周转比较紧张,同意接受展宇公司开立全额90天远期信用证。展宇公司联系了多家银行开证,均未成功,最后委托杭州中艺进出口有限公司(以下简称中艺公司)代理进口,三方签订了《进口合同》。《进口合同》约定:在合同签订后一个月内由中艺公司向韩国GIG公司开立100％合同金额的90天远期信用证,韩国GIG公司在收到信用证后立即发货。

同时,展宇公司和中艺公司签订了《委托进口代理协议》。为了控制风险,双方就以下事项进行了磋商,达成一致意见:

(1)为了防止开证后展宇公司弃货和降低敞口风险,中艺公司在了解展宇公司的经营情况后,确定向展宇公司收取40％的开证保证金。

(2)远期不可撤销信用证一旦开出,在有效期内未经受益人或议付行等当事人同意,不得随意修改或撤销信用证;只要受益人按该证规定提供有关单据,开证行必须要在规定时间内承兑并在到期后支付货款。因此,在开证前由展宇公司提供并作好价值200万元的房产抵押。中艺公司在收到展宇公司40％的开证保证金以及办妥房产抵押后,方可开出100％合同金额的90天远期信用证。

办理房产抵押登记的流程如图2-3所示:

(3)要求展宇公司在信用证承兑前向中艺公司支付100万元承兑保证金,并要求展宇公司其法人代表出具《付款保证书》(见附件9)给中艺公司,声明在远期信用证到期前保证付清余款。

(4)货物进口关税、增值税以及进口环节费用由展宇公司在货物报关前向中艺公司付清。

(5)在展宇公司未付清全部货款之前,中艺公司保留该货物的所有权,若展宇公司违反协议约定逾期付款时间超过一个月,中艺公司就可以处置该货物。

该货物总价值如下(远期信用证到期付汇美元汇率按6.14计算):

①合同总价:100万美元×6.14＝614万元;

②进口关税和增值税:614×(0＋17％)＝104.38万元(零关税);

③进口环节各项费用:7.45万元。

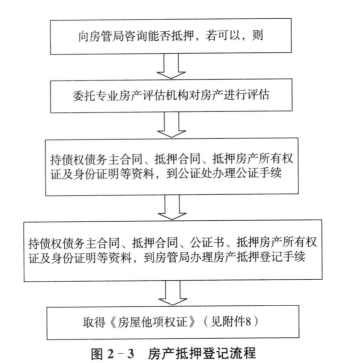

图 2 - 3　房产抵押登记流程

以上合计为 725.83 万元,中艺公司该业务的风险敞口如图 2 - 4 所示:

图 2 - 4　业务的风险敞口

可见,中艺公司该业务远期信用证放货后的风险敞口额占货物总价值的比例为 9.42%,只要相关保证措施到位,风险就基本可控了。

6 月 10 日,中艺公司收到银行到单单据,在展宇公司办妥上述全部事项后,中艺公司完成货物清关并送抵展宇公司现场。

9月8日,远期信用证到期,展宇公司由于经营问题无法按时支付剩余货款,中艺公司被迫向银行垫付268.4万元。经多次催讨无果,在逾期一个月以后,中艺公司向当地法院提起法律诉讼,并查封了展宇公司及其法人代表名下部分资产。

11月10日,法院出具《民事判决书》,判定展宇公司及其法人代表应立即向中艺公司清偿欠款268.4万元,但展宇公司仍不付款。中艺公司向法院申请执行,法院下达《执行通知书》后对上述抵押的房产进行公开拍卖,最终拍卖成交价为190万元,法院将拍卖款190万元划至中艺公司账户。

12月20日,展宇公司法人代表通过法院向中艺公司付清了差额款78.4万元,以及逾期违约金及诉讼费用,此时法院办理结案。

综上所述,中艺公司采用房产抵押和信用担保并用的保证方式,在展宇公司发生欠款后,通过法律途径变卖了房产,收回了全部欠款,不但没有经济损失,还拿到了一笔逾期违约金作为经济补偿,化解了一场经营风险。

## 【操作提示】

代理进口开立远期信用证的业务,一般情况下都是帮助最终用户(委托方)融资,获得赊账(即先放货后收货款),进口代理商经常会遇到委托方不及时支付货款的情况,远期信用证时间越长,变数越大,风险也越大。因此,在开展此类业务前一定要充分了解委托方的基本情况及相关资产信息,包括行业特征、公司背景、产品销售情况、股东情况等,除此之外,在商务操作时要注意以下几点:

(1)远期信用证收取的开证保证金比例尽可能高于开证金额的30%,一是防止委托方在承兑时就发生弃货行为,开证保证金收取的比例越高,则变卖货物越容易,损失越小,甚至还会有盈利;二是减小交货时的风险敞口金额,降低风险。

(2)进口代理商在开立远期信用证之前,一定要落实担保措施,尽可能采用可变现的资产作抵押(如股票、承兑汇票、房产、设备等),少采用不容易变现的资产作抵押(如土地、厂房、股权以及第三方信用担保)。若采用商品房作抵押的,在抵押之前一定要实地查看房产情况,并向房产中介机构咨询一下房产现价,不能轻信委托方或房产持有人的报价,应自行委托专业的房产评估公司进行评估,在确认房产可售价格基础上打折,计为《房屋他项权证》债务数额。

(3)若可变现资产抵押仍然不能覆盖风险敞口的,一定要追加第三方以及委托方的法人代表共同作好信用担保,且信用担保的比例尽可能低于货物总价的10%,低于委托方公司注册资本的50%为宜。

(4)进口代理商在向银行承兑时,可酌情向委托方收取10%~20%承兑保证金或承兑汇票,以降低风险敞口比例。同时要求委托方出具到期保证付款的文书(正本)。

(5)若委托方在远期信用证到期不及时支付货款,则进口代理商可向开证银行申请办理进口押汇手续,以缓解资金压力。同时应了解货物行情,收集合同、资料等相关法律证据,作好法律诉讼、处置设备的准备。

(6)启动法律诉讼程序后,如果被告有还款意愿或要求双方和解,则应抓住时机,积极争取调解,不要等法院判决,否则会大大增加诉讼时间和诉讼成本,错失有利机会,增加诉讼维权的难度。

(7)进口代理商在选择第三方作为信用担保人时,同样也要调查其基本情况(包括注册资本、净资产、股东结构、销售情况等),审核其是否有足够的担保能力。同时要求第三方和委托方法人代表提供营业执照复印件和身份证复印件,以备法律诉讼时使用。

# 三、进口贸易最终用户电汇支付方式改为远期信用证的融资成本与风险分析

## 【金融模式】

　　最终用户(委托方、买方)将电汇(T/T)支付方式转换为委托代理进口项下的即期信用证(L/C)支付方式,在本书《进口贸易最终用户电汇支付方式改为即期信用证方式的融资成本分析》一文中已作了阐述,这种金融模式为最终用户降低了资本成本,对于进口代理商而言,在收齐全部进口赎单款才交货给最终用户的风险较小,除非最终用户弃货。如果 T/T 支付方式转换为远期 L/C 付款方式,尤其是原材料和大宗商品的进口,交付给最终用户后会改变物质形态销售出去,出险后无法追回货物,交货将成为风险的节点,如图 2-5 所示:

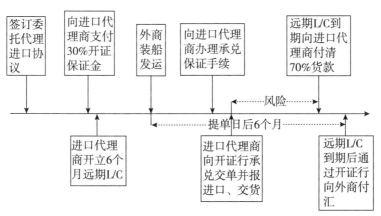

图 2-5　风险节点

　　从上图可见,对于最终用户来说,将 100%T/T 支付方式转换为 6 个月远期 L/C 后,只需向进口代理商支付 30%的货款(即开证保证金),其余 70%的货款将延迟到提单签发后的 6 个月才向进口代理商支付,显然资金压力大大缓解,尤其是拿到货物后立即组织生产可产生经济效益,离远期付款日还有 5 个多月的运作时间。对于进口代理商来说,增加的财务费用(如远期承兑费用)可转由最终用户承担,只

要与最终用户商定好交货的保证条件,风险可以化解的。

这种模式的运作,比即期 L/C 支付方式产生的融资收益和价值更高、更便捷。

## 【运用过程】

2013 年 2 月,杭州菲维变速器有限公司(以下简称菲维公司)向德国 TKT 公司进口一台装配设备,合同总价 100 万欧元,原计划用 100％T/T 方式进口,因自有资金不足,故委托杭州厚润设备进出口有限公司(以下简称厚润公司)开立即期 L/C 代理进口。合同约定:在合同签订 1 个月内,由菲维公司通过厚润公司向德国 TKT 公司支付合同金额 20％的预付款,在合同签订 3 个月内,向德国 TKT 公司开立合同金额 80％的即期信用证。最迟交货期为 2013 年 7 月 30 日。合同签订后,菲维公司按约通过厚润公司向德国 TKT 公司以 T/T 方式预付了 20 万欧元预付款。在厚润公司正准备向外商开立合同金额 80％即期信用证时,厚润公司得知菲维公司资金紧张拟向银行申请项目贷款用于支付进口设备货款,厚润公司分析后认为,项目贷款资金如果无法按时到位会造成赎单风险。为此,厚润公司立即与德国 TKT 公司协商,要求将即期信用证付款方式改为远期 180 天信用证付款方式,外商同意更改付款方式,但要求合同总价调整为 102 万欧元。

厚润公司和菲维公司协商了方案,对财务成本作以下分析(欧元汇率按 8.2 计)(如表 2 - 3 所示):

### 表 2 - 3　菲维公司财务成本分析

| 支付方式 | 银行承兑手续费<br>（按 2‰计） | 70％赎单资金<br>成本（按年 8％计算） | 溢价 | 合计 |
| --- | --- | --- | --- | --- |
| 即期 L/C | / | 80 万欧元×8.2×70％×<br>8％/2＝18.368 万元 | / | 18.368<br>万元 |
| 6 个月<br>远期 L/C | 102×8.2×80％×<br>2‰＝1.34 万元 | / | 2×8.2＝<br>16.4 万元 | 17.74<br>万元 |

上述分析可见,改为远期 L/C 后增加了开证承兑费和溢价成本,但比即期 L/C 的资金占用成本低一些,更重要的是最终用户缓解了资金压力,为获得银行项目贷款取得了足够的审批时间。菲维公司最后同意了外商的溢价要求。

随后,厚润公司、菲维公司和德国 TKT 公司重新签订了进口补充合同,合同总价改为 102 万欧元,预付款 20 万欧元不变,开证金额改为 82 欧元。2013 年 5 月初,厚润公司收到菲维公司开证保证金后即在开证行开出了 180 天远期 L/C,德国 TKT 公司在 6 月 20 日装船发运,厚润公司收到远期 L/C 项下的全套单据后向开证行办理了承兑手续(远期 L/C 到期日为提单日后 180 天,即 2013 年 12 月 21 日)。厚润公司与菲维公司办妥担保手续后报关进口并交货,在 2013 年 9 月 18 日,菲维公司的银行贷款下达并提前向厚润公司支付了远期 L/C 到期货款,厚润公司在收到货款后,进行了 3 个月短期理财产品操作,年化收益率 5.5%,理财收入扣除信用证开证费和承兑费后,收益可达 41184 元,如表 2-4 所示:

表 2-4　即远期信用证收益对比

| 信用证<br>费用 | 即期信用证收支 | 远期信用证收支 |
|---|---|---|
| 开证费(货值的 0.15%) | -9840 元 | -10086 元 |
| 承兑费(货值的 0.2%) | / | -13448 元 |
| 70% 货款提前 3 个月<br>收款理财收益 | / | $82×8.2×70\%×5.5\%×3/12=64718$ 元 |
| 合计 | -9840 元 | 41184 元 |

可见,厚润公司转开远期 L/C 后,不仅为菲维公司的银行项目贷款争取了时间,化解了赎单风险,还额外创造了财务收益。

**【操作提示】**

远期 L/C 的选用为最终用户带来了很好的财务收益和时间空间,但对进口代理商而言,却增加了风险因素,必须事前把握好开证条件和保证措施,不能因赚取一点财务利益而忽视了经营风险,要非常谨慎地运用远期 L/C 这种融资工具(有关运用远期 L/C 方式的风险防范与控制措施已在本书相关文章中作了分析),除了风险问题以外,还要注意以下事项:

(1)T/T 支付方式转换为远期 L/C 方式,需要征得外商同意。通常都会涉及价格条款及涨价的问题,尤其是 6 个月远期 L/C,一般会溢价 1%~4%,买方虽然减轻了资金压力,但会增加货物成本。因此,买方在商务谈判时要根据自身的情况进行核算,分析溢价是否划算。

(2)最终用户如果能向银行争取到好的授信条件(如可开立 3~6 个月远期 L/C 或能办理进口押汇或海外代付短期融资业务),则最好自己在授信银行开立信用证并自营进口,如果自己没有条件开证,那只有寻找一家开证条件好的进口代理商代理进口。

　　(3)进口代理商选用远期 L/C 开证方式时,要向银行咨询一下开证手续费、远期承兑费的收费情况,并告知由最终用户承担。目前每个开证银行的收费标准不同,应事先作一比较。6 个月的远期信用证因风险问题和外债规模限制等原因,银行审批一般比较难、审批时间也长,而即期 L/C 和 3 个月远期 L/C 的授信审批相对比较容易。

# 四、进口代理公司将即期信用证改为
# 远期信用证的运作技巧

**【金融模式】**

进口代理公司在进口商务谈判中,为了创造进口代理业务的间接效益,只要平衡好委托方、外商的经济利益关系,在一定的背景下,可以将即期信用证支付方式改为远期信用证支付方式来实现间接融资的功能。这两种支付方式常见收付款结构如下。

(一)即期信用证支付方式

即期信用证(L/C at sight)是指受益人根据信用证的规定,可凭即期跟单汇票或仅凭单据即期收取货款的不可撤销信用证(如图 2-6 所示)。

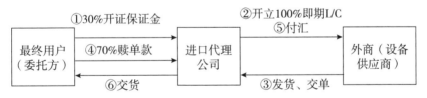

**图 2-6 即期信用证支付方式**

进口代理公司与最终用户签订《委托进口代理协议》后收取 30% 开证保证金,见单即付 70% 剩余货款,进口代理公司开具发票给最终用户。同时,最终用户、进口代理公司与外商签订三方《进口合同》,进口代理公司向外商开立 100% 即期 L/C,见单即付全款。

按此业务操作模式,三方均无额外收益。

(二)改为 180 天远期信用证支付方式

远期信用证(Usance L/C)是指开证行或其指定付款行收到受益人交来的远期汇票后,并不立即付款,而是先行承兑,等汇票到期再行付款的信用证。

在最终用户与进口代理公司付款条件不改变的情况下,如果外商能接受 180 天远期信用证,则进口代理公司可以将进口代理模式切换成自营进口模式,即进口代理公司与最终用户签订内贸《销售合同》,收取 30% 预付款,收到外商到货通知后由最终用户支付 70% 剩余款,进口代理公司开具增值税发票给最终用户。进口代理公司与外商签订《进口合同》,由进口代理公司向外商开立 180 天远期 L/C,在 L/C 到期时对外付汇。由于进口代理公司向外商延期付汇,外商不能及时收到货款,增加了外商的生产经营成本,必然要向进口代理公司收取费用,通常采用销售价溢价的方式进行时间补偿(如图 2-7 所示)。

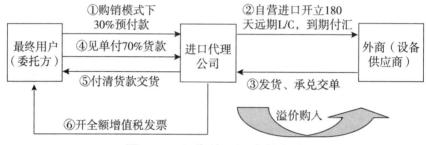

**图 2-7　远期信用证支付方式**

上述业务模式切换后,将即期 L/C 改为 180 天远期 L/C 操作,最终用户在不增加进口成本的前提下获得了全额增值税发票完成了货物买卖,增加了进项税抵扣额,外商则获得了溢价收益,而进口代理公司利用自身银行授信资源,间接融通资金,通过银行理财产品获得额外收益,实现三方共赢。

## 【运用过程】

2013 年 1 月江苏兴浩机械有限公司(以下简称兴浩公司)委托浙江盛弘进出口有限公司(以下简称盛弘公司)向美国 HR 公司(以下简称 HR 公司)以代理进口方式进口 5 台印刷机,总货值 210 万美元(进口关税率 10%,进口增值税率 17%)。盛弘公司是专业从事进出口贸易的外贸公司,具有良好的银行授信条件和丰富的进口实务操作经验,在详细了解了兴浩公司的业务背景和进口需求后,发现可以通过调整进口业务模式,产生高于进口代理费以外的额外收益。

首先,盛弘公司与 HR 公司协商,希望将结算方式内即期 L/C 改为 180 天远期 L/C,并承诺给予 HR 公司货值涨价 1% 的要求,在取得 HR 公司同意后,盛弘公司向兴浩公司提出在保证不增加其进口成本的前提下,将代理进口模式改为自营进口模式。在三方达成共识后,1 月 20 日兴浩公司与盛弘公司签订了《销售合同》,并支付了 30% 预付款;1 月 30 日盛弘公司与 HR 公司签订了《进口合同》,并向授信银行申请开立了以 HR 公司为受益人的 180 天远期 L/C。

代理进口与自营进口在成本上对比如表 2-5 所示(假设美元汇率按 6.23 计算):

表2－5　代理和自营进口成本对比

| 代理进口成本(万元) | 自营进口成本(万元) |
|---|---|
| ①货值：$210×6.23＝1308.3<br>②关税：1308.3×10％＝130.83<br>③进口增值税：(1308.3＋130.83)×17％＝244.65<br>④进口环节费用：30.67<br>其中：<br>①开证手续费：1308.3×1.5‰＝1.96<br>②银行承兑费：1308.3×2‰＝2.62<br>③清关及运费：10<br>④法定商检：1308.3×0.8‰＝1.05<br>⑤保险费：1308.3×1.5‰＝1.96<br>⑥代理费：1308.3×1％＝13.08 | ①货值：$210×(1＋1％)×6.23＝1321.4<br>②关税：1321.4×10％＝132.14<br>③进口增值税：(1321.4＋132.14)×17％＝247.1<br>④环节费用：30.67<br>以上①～④项小计：1731.31<br>⑤应缴增值税：(1731.31÷1.17×17％)－247.1＝4.46<br>⑥附加税：4.46×12％＝0.53 |
| 合计：1714.45 | 合计：1736.3 |

如表2－5所示,自营进口模式从表面上来看使盛弘公司多增加了1736.3－1714.45＝21.85万元的成本,由于盛弘公司采用了180天远期L/C付汇方式在远期L/C承兑日直接从兴浩公司收取货款1308.3万元,相当于获得间接融资1308.3万元,盛弘公司利用这笔资金可在银行认购理财产品,假设银行理财产品年收益率为6％,则可获得39.25万元(即1308.3×6％×6/12＝39.25)的收益;同时受益于人民币的持续升值,2013年8月30日L/C远期赎单日美元汇率降至6.14(或通过提前锁汇确定远期汇率),盛弘公司又直接获得汇兑收益18.9万元[$210万元×(6.23－6.14)＝18.9万元]。通过以上操作,盛弘公司的综合收益比即期信用证付款方式的综合收益高＝39.25＋18.9－21.85＝36.3万元。

通过代理进口改自营进口销售模式,即期L/C改为远期L/C付汇方式,三方都获得了收益：

(1)兴浩公司增加进项税抵扣额251.56－244.65＝6.91万元;

(2)HR公司增加设备销售收入1321.4－1308.3＝13.1万元;

(3)盛弘公司创造间接效益36.3万元。

因此,采用自营进口操作模式既降低了兴浩公司的进口成本,提高了HR公司的销售利润,也为盛弘公司创造了额外的进口收益。

**【操作提示】**

进口代理业务操作中,并非所有的进口业务都可切换业务模式,要根据最终用户、外商的具体情况协商而定,需注意如下事项。

(1)代理进口与自营进口模式切换时要确保做到:

①不影响最终用户的采购价格和进口费用,有利于最终用户降低进口成本;

②进口产品质量、技术及售后服务必须由外商提供保证,或外商与最终用户签订相关的售后技术服务合同。

(2)即期 L/C 改为远期 L/C 必须具备以下条件:

①进口代理公司必须有足够的银行授信额度和远期 L/C 授信品种;

②进口代理公司要承担远期外汇汇率风险,必要时要根据外汇走势及时办理远期外汇汇率锁定手续;

③在有利于外商的销售收益(或溢价补偿)后,进口代理公司能通过间接融资方式创造较好的财务收益,且收益高于汇率风险值。

# 五、远期信用证由境外银行转开即期 信用证的融资业务运用

## 【金融模式】

在国际贸易中,远期信用证通常作为出口商及其银行对进口商的一种融通资金的方式,其成本低、交易安全,开证条件相对简单,在进口贸易实务操作中很受进口商的青睐。随着国际贸易的大量开展,进口商对远期信用证的需求越来越大,90天或180天的远期信用证在进出口实务操作中被广泛采用。然而,因远期信用证的收款时间较长、资信风险、市场状况、汇率风险等不易预测,部分出口商对远期信用证采取回避的态度。对此,有些银行推出了进口转开信用证的方式,在进口商开出远期信用证后,利用银行的境外分支机构,将远期信用证转开成即期信用证,这样既满足了进口商开立远期信用证来融通资金的需求,也满足了出口商即期收汇的需求。这种远期信用证由开证行境外分行转开即期信用证的具体融资业务流程如图2-8所示:

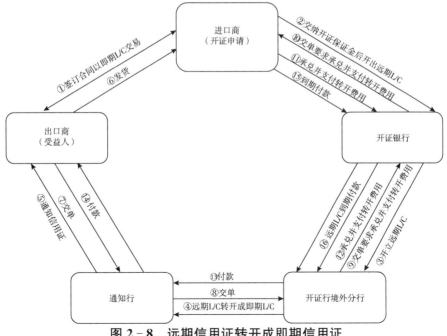

图 2-8　远期信用证转开成即期信用证

如图 2-8 所示,开证行境外分行作为转开信用证的主体,在整个业务流程中起着重要作用。首先,开证行境外分行在收到有特殊条款要求的远期信用证后,以申请人的名义将信用证转开成即期信用证,出口商收到的是申请人通过开证行境外分行开立的即期信用证;其次,在收到通知行来单后,开证行境外分行向开证行转递单据并索取转开费用,这项转开费用实际是开证行境外分行将远期承兑汇票贴现的费用;最后,在收到开证申请人的承兑报文及转开费用后,开证行境外分行向通知行支付货款,出口商及时顺利收汇。

## 【运用过程】

浙江瀚海针织有限公司(以下简称瀚海公司)向德国斯邦德纺织机械有限公司(以下简称斯邦德公司)进口电脑提花横机 30 台。2013 年 1 月 15 日,双方签订合同,合同总金额为 CIF 上海 288 万美元。合同约定:瀚海公司在 2013 年 1 月 31 日前通过银行开出合同总金额 100% 的即期信用证,斯邦德公司在收到信用证后安排生产发货,最迟装期为 2013 年 5 月 10 日。

瀚海公司在合同签订后,向已有授信额度的外资银行咨询能否开立 90 天的假远期信用证,在不延误斯邦德公司出口收汇的前提下,缓解进口设备采购的资金压力,外资银行分析了假远期信用证开立的各项费用后,向瀚海公司推荐了远期信用证跨境转开即期信用证业务产品。外资银行假远期信用证的手续费报价为开证手续费 0.15% + 融资费用 LIBOR+400,而远期信用证境外转开即期信用证的业务收费标准为:开证手续费 0.15% + 境外开证手续费 0.1% + 远期转即期信用证手续费 LIBOR+200,显然,对于进口商而言,远期信用证境外转开即期信用证方式的费用比假远期信用证更为划算。

2013 年 1 月 29 日,瀚海公司通过外资银行杭州分行开立以斯邦德公司为受益人,付款方式为见单后 90 天的远期信用证,1 月 30 日,外资银行香港分行将收到的远期信用证转开成受益人同样为斯邦德公司的即期信用证。1 月 31 日,斯邦德公司收到原合同约定好以瀚海公司为开证申请人,外资银行香港分行为开证行的即期信用证。5 月 15 日斯邦德公司准时发货,5 月 18 日将信用证要求的单据递交给通知行议付。5 月 21 日,外资银行杭州分行收到外资银行香港分行转递的信用证项下交单及转开信用证手续费索款函,付款到期为 2013 年 8 月 19 日。5 月 28 日瀚海公司向外资银行杭州分行办理远期信用证承兑手续,并支付转开手续费给外资银行香港分行。5 月 29 日,外资银行香港分行在收到承兑报文及转开手续费后,向国外通知行支付货款,5 月 30 日,斯邦德公司收到信用证项下货款。8 月 19 日,外资银行香港分行收到瀚海公司支付的信用证项下款项。

开立假远期信用证与远期信用证跨境转开即期信用证的费用对比如下:

经查询,5月28日欧元三个月的 LIBOR 利率为 0.11643%,按开证银行收取的开证保证金比例为 30%,瀚海公司自有资金占用成本为年 8% 来计算,则如表 2 - 6 所示:

(1)即期信用证的 70% 赎单资金占用费用:2880000×70%×8%×83÷360＝37184 欧元;

(2)假远期信用证的手续费:2880000×4.1163%×83÷360＝27332 欧元;

(3)远期转即期信用证的手续费:2880000×2.1163%×83÷360＋2880000×0.1%＝16932 欧元。

表 2 - 6　各种类型信用证费用对比

| 类型 | 开证手续费 | 融资费用 | 资金占用情况 |
|------|-----------|---------|-------------|
| 即期 L/C | 0.15% | 37184 欧元 | 资金压力大,财务成本高 |
| 假远期 L/C | 0.15% | 27332 欧元 | 缓解资金压力,容易受境内银行融资规模及头寸限制 |
| 远期境外转开即期 L/C | 0.15% | 16932 欧元 | 缓解资金压力,不受境内银行融资规模及头寸限制,成本相对较低 |

瀚海公司在以远期信用证跨境转开即期信用证方式操作后,节约了不少财务成本。

**【操作提示】**

远期信用证结算方式普遍用于国际贸易中,因其特殊的资金融通功能,进口商非常希望使用远期信用证,因其风险大、卖方收汇时间延后以及出口商融资比较麻烦或成本较高等因素,常被一些出口商所拒绝。而假远期信用证既能保证出口商即期收汇,又能满足进口商远期付汇需求,这种远期信用证方式越来越受欢迎。而本案所操作的远期信用证跨境转开即期信用证业务除了有假远期信用证的各种优势以外,还有以下几点值得关注:

(1)相比假远期信用证来说,跨境转开信用证在操作上虽然多了境外银行一个环节,但出口商收到的就是即期信用证,对于出口商而言,贸易结算流程没有任何变动。因此,不用担心出口商是否接受结算方式的变动。

(2)境外银行外币融资规模以及头寸相对充裕,不会因为境内融资规模紧张等原因造成无法开立远期信用证的问题,间接地解决了融资问题。

(3)境内银行因其外币融资规模限制,外币融资价格较高;而跨境转开信用证将融资平台从境内转移到境外,使进口商能够享受到境外较低的融资价格,为进口商节约财务成本。

(4)远期信用证比即期信用证较迟地向开证行购汇付汇,但时间越长,汇率风险越大,对于汇率波动较大币种,进口商要事先分析以往的汇率走势,作好汇率风险分析和融资成本对比分析,必要时向开证行询价、办理远期汇率锁定手续。

# 第三篇

# 供应链融资方式

　　进口供应链融资是把进口贸易或服务供应链上的核心企业及上下游配套企业作为一个整体，根据其交易关系和特征，制订出整体进口金融解决方案的一种融资模式。不仅解决了上下游企业融资难、担保难的问题，还可以降低进口贸易供应链的融资成本，提高融资效率，促进核心企业及配套企业经营发展。最终用户、生产企业、进口商在开展进口贸易时，应创新融资方式，拓宽融资渠道，充分利用供应链的融资优势，降低融资成本，促进进口贸易的顺利进行。

　　本篇列举了一些有代表性的进口货物交易供应链融资方式运用案例，如物流融资、产品销售融资、合同投资管理、海外采购业务、设备投放业务等，这些融资方式可以为核心企业及上下游配套企业提供多角度、多功能、多渠道的资金融通服务，实现双赢。

# 一、进口商利用货代公司物流融资功能的业务分析

## 【金融模式】

国际货运代理公司(以下简称货代公司)在进出口物流业务环节处于重要地位,可以代表进口商向海关缴纳进口关增税,处理港口清关、运输、商检等许多商务事项,但自有资金不足一直是货代公司开展业务的短板。在进口货物贸易操作中,生产企业或代理进口公司(即进口商)因短期资金紧张,经常要求货代公司垫款支付进口货物的关增税及货代物流费。在这种情况下,货代公司可通过金融机构或第三方金融服务商的融资功能来满足进口商与自身的需要,促进业务的合作。融资模式如图3-1所示:

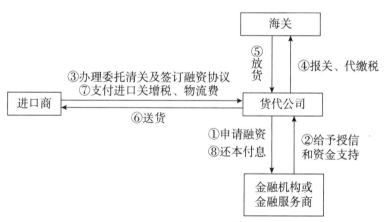

**图3-1 物流融资模式**

如图3-1所示,货代公司首先与金融机构或金融服务商建立融资合作关系,获得授信及短期融资额度,确定资金使用的方式、规模、利率、时间等参数;其次根据进口商的资金需求情况与货代公司办理委托清关及签订融资协议;接下去就按常规商务流程由货代公司办理报关、垫付关增税、提货交货,最后进口商按约定向金融机构或金融服务商还本付息。

　　进口环节各项费用(关税、增值税、运输费、港区清关费等)一般占货值的比例在18%~30%,对于进口商来说资金压力比较大。通过上述融资平台,可以帮助进口商在物流环节获得融资,缓解资金压力,降低融资成本,省心省事。

## 【运用过程】

　　2014年3月,浙江捷才汽车配件有限公司(以下简称捷才公司)为扩大生产,需进口一批价值100万美元的汽车零配件。捷才公司委托浙江鸿喻国际货运代理公司(以下简称鸿喻公司)办理报关、清关、垫款进口关增税和送货等事宜。经查询海关税则号,该批零配件进口关税税率为10%,进口增值税税率为17%。鸿喻公司因自有资金不足寻求第三方金融服务商。经了解,浙江亨通金融服务有限公司(以下简称亨通公司)能为货代公司提供短期物流融资服务。亨通公司经过对鸿喻公司调研和综合评估后,决定支持鸿喻公司为捷才公司垫付进口关增税及清关费用的短期融资业务。

　　(一)相关数据

　　(1)鸿喻公司需垫付进口关增税和环节费用(美元汇率按6.23折算):

　　　　进口关税＝进口货物的完税价格×进口关税税率

　　　　　　　　＝100万美元×6.23×10%＝62.3万元

　　　　进口增值税＝(进口货物的完税价格＋关税)×增值税率

　　　　　　　　　＝(100万美元×6.23＋62.3万元)×17%＝116.5万元

　　　　进口环节费约5万元,则鸿喻公司需垫付的进口关增税和环节费用＝62.3＋116.5＋5＝183.8万元。

　　(2)鸿喻公司计算融资成本:融资30天亨通公司的融资利率为0.05%/天,则融资利息＝183.8×30×0.05%＝2.757万元

　　(二)工作流程

　　(1)鸿喻公司向亨通公司提交本公司及捷才公司相关财务资料及证明文件申请融资,并与亨通公司签订融资服务协议。

　　(2)鸿喻公司与捷才公司签订委托代理清关及融资服务协议,捷才公司向鸿喻公司提供保证付款担保函,并向鸿喻公司支付15万元融资保证金。

　　(3)货物到港后,亨通公司按照融资协议规定,凭鸿喻公司提交的提单、发票、箱单、海关关增税缴款书等资料原件向其支付90%计160.92万元的关增税融资款(其余费用由鸿喻公司自筹)。

　　(4)鸿喻公司收到融资资金后向海关代缴了关增税。

(5)待海关放货后,鸿喻公司按照清关协议规定向捷才公司发出付款通知书,要求其在协议规定的期限内付清关增税、清关及融资费用,共计171.557万元。

(6)鸿喻公司将货物送抵捷才公司后,捷才公司按期付清了171.557万元,随后鸿喻公司向亨通公司还本付息。

## 【操作提示】

进口物流环节也需要金融支持,物流供应链融资应运而生。物流供应链融资是金融服务商在掌握整个物流供应链情况的前提下,对核心企业上下游的配套企业提供的融资。供应链是否安全、流畅以及企业资信、规模、市场地位和供应链管理水平成为金融服务商关注的重点。为了降低操作风险,货代公司必须与金融服务商紧密配合,对进口商进行考察;同时,在与金融公司签订融资协议时,应分析融资成本、融资条件等,具体操作注意事项如下:

(1)在操作前必须估算清楚外汇即时汇率、关税费、进口环节费用,关增税最终以海关缴款书为准。

(2)要与金融服务商充分沟通,确定融资利率、融资期限,估算融资成本是否可以接受,通常金融服务商融资的费用较高,该项费用由谁承担要明确。

(3)详细了解进口商的经营情况、财务情况及经济实力,在货权移交前由进口商向货代公司提供担保证明或支付保证金,必要时由进口商提供足够的资产抵押,以降低垫款风险。

(4)货代公司要把握好融资期限和进口商的还款时间,可以将融资成本以代理服务费的形式转移给进口商,同时要作好进口商逾期还款的准备,以防进口商逾期导致失信于金融服务商。为此,在融资协议中要订立逾期还款的违约责任及补充措施条款。

(5)货代公司如果选择金融机构融资,一般情况下金融机构只对货代公司做尽职调查与授信,给予一定额度半年期或一年期的流动资金贷款,30天以内的短期贷款不会安排,这种流动资金贷款适用于为多个进口商的供应链融资,货代公司可以灵活使用资金。如果选择金融服务商来融资,可以作特定的进口商一对一融资,双方可以灵活地协商融资方式和用款时间,成本虽高一些,但提款和还款很便利,可根据进口商需要而定。

(6)进口商向货代公司支付一定比例的融资保证金通常是不计利息的,而融资利息是按全额垫款来计算,这有利于货代公司的收款安全性,只要融资利率合理,一般进口商容易接受支付5%～10%的保证金条件。

# 二、进口代理商为设备供应商销售产品提供供应链业务融资方案

## 【金融模式】

在国际采购业务开展中,为了防止进口风险,除了按国家法律法规必须进行国际招标程序操作以外,很多中小民营企业也采用国际招标的方法来采购国外先进技术和设备。另一方面,中小民营企业实力软弱,经常遇到进口资金紧张或融资难问题,于是采用有利于自己的付款方式,要求向国外设备供应商赊账采购或由进口代理商提供间接融资,即由进口代理商在为最终用户提供进口代理服务的同时,向银行申请流动资金贷款或项目贷款等资金支持,为最终用户缓解采购资金压力,间接地解决了采购资金,赊账业务转嫁给了进口代理商,售后服务由设备供应商提供。

其业务合作及融资结构如图 3-2 所示:

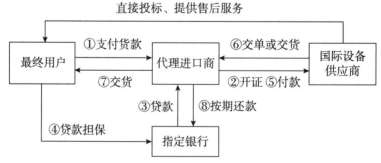

**图 3-2　进口代理商为设备供应商提供融资**

上述合作方案,是一个多赢的结果:

对于最终用户来说,利用进口代理商的融资平台,解决了资金问题,采购风险降低了。

对于国外设备供应商来说,通过开立即期信用证,交货后可以快速收到货款,回笼销售资金。

对于进口代理商来说,通过为国外设备供应商解决最终用户资金问题和进口

代理,获得了业务机会和较好的经济收益。

对于银行来说,通过贷款支付,促成了这笔贸易,赢得了两家客户资源和融资收益。

## 【运用过程】

2013 年 3 月初,最终用户浙江弘科模具有限公司(以下简称弘科公司)通过公开国际招标方式征税进口 1 台数控加工中心,金额为 80 万美元(美元汇率按 6.1 计,共计 488 万元)。招标书中的付款条件是:签订合同后支付 20%,设备发货后支付 20%,设备到厂并验收合格后支付 50%,剩下 10%验收合格一年后支付。美国罗生有限公司(以下简称罗生公司)作为设备供应商之一参加了此次投标。弘科公司为了控制进口风险委托浙江灿鸿进出口有限公司(简称:灿鸿公司)代理进口,并要求灿鸿公司为其提供进口融资服务。罗生公司中标后,三家公司协商决定进行业务合作,弘科公司委托灿鸿公司代理进口设备,并按招标文件分期支付货款给灿鸿公司。弘科公司为灿鸿公司提供付款担保,由灿鸿公司向银行申请项目贷款(贷款利息由弘科公司承担)。3 月 28 日,灿鸿公司收到 20%的预付款后,向罗生公司开出了 100%的即期信用证。设备于 5 月 15 日发货,5 月 25 日灿鸿公司凭提单复印件向弘科公司收取了 20%货款计 97.6 万元。此时灿鸿公司共收到弘科公司40%货款。5 月 20 日,弘科公司为灿鸿公司提供担保,由灿鸿公司向银行贷款 244 万元。6 月 3 日,银行信用证到单,灿鸿公司将 90%的货款 72 万美元支付给罗生公司。7 月 5 日,罗生公司派员进行设备安装调试并完成验收,灿鸿公司凭验收报告向弘科公司收取 50%的货款。7 月 10 日,灿鸿公司收到 244 万元后即向银行归还了贷款本息。

设备验收后一年,灿鸿公司向弘科公司收取 10%质保金后,向罗生公司付清了余款。业务收付款结构如图 3-3 所示:

图 3-3　案例业务收付款结构

## 【操作提示】

进口贸易常常因设备供应商只能接受即期信用证,出现最终用户(或设备供应商)要求进口代理商提供进口代理配套的融资服务,以支持最终用户完成进口交易,降低进口风险和成本。进口代理商也应该围绕设备供应商的市场开发需要,充分利用自身的银行授信与融资平台,为设备供应商提供供应链业务的全方位融资集成服务。针对此类进口融资业务,要把握如下几点:

(1)开立远期信用证比直接向银行贷款的成本更低。如果灿鸿公司银行授信有条件的话,建议与外商协商通过开立90天远期信用证来缓解融资难问题则更为便利、经济,灿鸿公司不需贷款即可获得短期融资,一般情况下,外商也容易接受90天远期信用证。

(2)国际设备供应商或其代理商直接参加投标前,应了解最终用户的基本情况,可以给予适当的短期赊账付款条件,以促成交易。直接投标中标后,要将投标价格切换成进口代理的结算方式,并明确银行贷款利息由谁承担,一般情况下谁贷款谁承担利息和风险,也可以转嫁到最终用户承担。

(3)国际设备供应商或其代理商直接投标的项目中标后,若采用进口代理方式进口,则售后服务工作应该由设备供应商提供。要签订相关的售后服务协议,防止今后设备运行过程中发生经济纠纷。

# 三、进口商开展合同投资管理 IMC 业务模式的运作方案

## 【金融模式】

合同投资管理(Investment Management of Contract,简称 IMC)。是设备经销商(或进口商)为满足设备制造商的市场营销、快速回笼资金需要,运用其自身金融资源与管理模式,与设备制造商合作进行设备投资。由进口商全额购入设备制造商的设备后,交付给最终用户有偿使用,进口商采用固定收益回报、生产效益分成、分期付款等不同合同管理模式来收回设备货款及相应的投资利润。设备制造商与进口商共同分享投资收益或售后服务收益,并承担出险后的设备回购保证。商业银行可视合同情况自行选择贷款对象,专项提供项目贷款支持。

以进口商开展合同投资管理项目为例,其业务结构如图 3-4 所示:

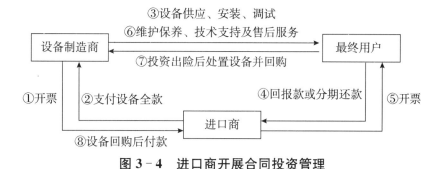

图 3-4　进口商开展合同投资管理

根据上述业务结构,合同投资管理的流程如下:

①设备制造商向进口商开具全额设备发票;

②进口商凭发票向设备制造商支付设备款,全额购入设备;

③设备制造商收到全额货款后安排设备发运,交付给进口商指定的最终用户,并负责设备安装、调试;

④最终用户将设备投入营运后产生效益,向进口商支付投资回报款,可采取分期付款的方式;

⑤进口商在收回全额投资回报后,向最终用户开具设备发票;

⑥在设备使用期间,由设备制造商向最终用户提供设备的维护保养、技术支持及售后服务;

⑦当最终用户违约不按时付款或无力向进口商付款时,则设备制造商按约定回购最终用户的设备。

⑧设备制造商向进口商支付设备回购款。

## 【运用过程】

杭州世隆电子科技有限公司(以下简称世隆公司)是一家专业生产各类电路板的企业。2011 年 6 月,世隆公司决定向日本松下公司(以下简称"外商")采购 1 台贴片机,合同金额为 CIF 上海 4000 万日元。外商提出的付款条件为发货前全额支付货款,而世隆公司扩产改造,资金紧张,无力在发货前全额支付设备全款。

浙江生恒设备进口有限公司(以下简称生恒公司)是一家专业从事设备进口的公司,得知上述情况后,对世隆公司、外商及进口设备情况开展全方位的调查与分析,认为:

(1)世隆公司所处的电子行业是新兴产业,发展前景较好;生产的各类电路板主要用于电视机、冰箱等家电行业,合作的下游企业多为国内知名家电生产企业,销路相对固定,回款基本有保障;而且世隆公司从事该行业已有六年的历史,经营状况良好,企业发展稳定。

(2)外商是国际知名品牌,其生产的贴片机技术在国际上领先,通用性高,设备的维护保养、技术支持有保障,在国内有广泛的售后服务网络。

综上分析,生恒公司决定与外商和世隆公司进行合作:

(1)2011 年 6 月底确定了三方合作关系:生恒公司与外商签订了设备采购合同,与世隆公司签订了设备销售合同,并与世隆公司和外商签署了保证设备回购的三方合同(主要条款详见附件10);

(2)生恒公司按照合同约定在 2011 年 7 月初向外商支付了全额设备款;

(3)外商于 2011 年 8 月中旬将设备发至上海港,并将相关单据交付生恒公司;

(4)生恒公司收到单据后安排报关清关、保险、运输等手续,并将设备运至世隆公司生产所在地;

(5)随后,外商安排技术人员到世隆公司指导设备安装、调试,设备按期投入生产;

(6)按照设备销售合同约定,世隆公司从设备到厂(2011 年 8 月)开始,分两年每季度向生恒公司支付一次货款。

生恒公司的进口成本如表 3-1:

表3-1　生恒公司的进口成本

| 序号 | 内容 | 金额（万日元） | 折合人民币（万元） | 备注 |
|------|------|------|------|------|
| 1 | CIF 货值 | 4000 | 336 | 日元的汇率按0.084计算 |
| 2 | 海关进口关税、增值税 | 680 | 57.12 | 贴片机关税为0 |
| 3 | 进口环节费 | | 2.88 | |
| 合计 | | 4710 | 396 | |

按上表所列,396万元按8期分摊,每期本金为49.5万元。生恒公司与世隆公司商定按年18%的投资回报率向世隆公司收取的投资回报额如表3-2:

表3-2　投资回报额

| 序号 | 投资回报计算 | 投资回报额（万元） |
|------|------|------|
| 第一期 | 49.5×18%/年÷4×1 | 2.23 |
| 第二期 | 49.5×18%/年÷4×2 | 4.46 |
| 第三期 | 49.5×18%/年÷4×3 | 6.68 |
| 第四期 | 49.5×18%/年÷4×4 | 8.91 |
| 第五期 | 49.5×18%/年÷4×5 | 11.14 |
| 第六期 | 49.5×18%/年÷4×6 | 13.37 |
| 第七期 | 49.5×18%/年÷4×7 | 15.60 |
| 第八期 | 49.5×18%/年÷4×8 | 17.82 |
| | 合计（取整数） | 80 |

综上,生恒公司进口成本和投资回报总额为396+80=476万元(假设一次性全额开票),按八期平均划分,世隆公司每期需向生恒公司支付59.5万元货款。

2012年开始,随着国家家电下乡和以旧换新政策的结束,家电行业销量下滑,库存增多,直接影响了世隆公司。2012年12月,世隆公司按计划向生恒公司支付了四期货款以后,已无力再支付剩余货款,生恒公司发生投资项目出险。

　　生恒公司根据三方签署的设备回购保证合同,立即联系了外商,要求外商根据保证回购合同约定,向世隆公司收回上述设备,并支付生恒公司设备回收款:$(396-4×33)×80\%=211.2$万元。

　　外商接到生恒公司书面通知函后,实地调查了世隆公司逾期情况,同意按《贴片机回购保证合同》约定收回了该设备,并向生恒公司支付211.2万元设备回购款。此时,生恒公司共收回货款(投资款)$59.5×4+211.2=449.2$万元,该项目生恒公司的投资回报相关数据如表3-3所示:

表3-3　生恒公司该项目投资回报

| | |
|---|---|
| 一、销售发票金额:476万元<br>(实际收入:449.2万元) | 五、应缴增值税:<br>$69.16-57.12=12.04$万元 |
| 二、销项税:$476/1.17×17\%=69.16$万元 | 六、应缴城建教育附加、印花税、水利基金等:1.87万元 |
| 三、进口成本:396万元 | 七、净毛利:$449.2-396-12.04-1.87=39.29$万元 |
| 四、进项税(进口增值税):57.12万元 | 八、折算投资年回报率为:9.92% |

　　由此可见,该项目在收回四期货款后,出现了收款风险,经设备回购处置后,安全收回了投资成本,而且还创造了净毛利39.29万元,投资回报率达9.92%,经济效益良好。若考虑生恒公司的融资成本(按银行贷款年利率6.5%计算),生恒公司投资该项目可获净利润$(9.92\%-6.5\%)×396=13.54$万元。

**【操作提示】**

　　(1)操作此类项目前需要对外商、最终用户的资信状况和运营状况等情况做详细调查,应当选择实力强、资信状况良好的企业、通用性强的设备。

　　(2)设备安装、调试、维护保养、技术支持及售后服务等需在合同中约定由设备制造商直接向最终用户提供,进口商只负责商务和融资。

　　(3)进口商在向设备制造商采购设备时,应利用银行授信资源、融资条件开展银行融资,如向商业银行申请流动资金贷款、应收账款贷款与保理业务,以降低投资成本。

　　(4)投资回报可以按约定的固定值计算,也可根据最终用户的产品销售情况,进口商分享最终用户的利润,设定分享期限,用以偿还进口商的投资款项。

(5)为降低进口商的投资风险,一般采用设备回购方式容易被设备用户和供应商采纳,也可采用其他的担保方式(如财产抵押、投保信用保险、设备所有权转让第三方、担保公司提供担保或追加第三方企业信用担保等)。

# 四、大型进口医疗设备在医院 开展投放业务的运行方案

## 【金融模式】

设备投放业务是设备供应商(或运营商、承包商)在一定时期内负责设备投入和运营管理,通过收取使用费或服务费来收回投资成本,偿还债务,赚取合理的利润,投放期结束后所有权无偿移交使用单位。这种业务模式被广泛运用在大型进口设备投放医院的采购项目中,是医院采购大型医疗设备的融资模式之一,其主要特点是:

(1)大型进口医疗设备价格昂贵,医院缺乏足够的采购资金,一次性投入的财务压力大,财务成本高,投资回收期也很长,对于融资能力弱、一次性付款能力不足的医院来说,难以实施采购计划。

(2)有实力的医疗设备供应商为了开发医疗市场,扩大市场占有率,安排部分设备在医院开展投放业务,可以获得长期、稳定、可观的收入,在收回全部设备成本和利润后放弃所有权。

(3)医院为了完善自己的医疗设施,提升医疗装备和技术水平,给予设备供应商较好的投放条件,医院既不需要出资,也不负责营运、维护和管理,大大节省了财力、人力,经营风险全部转嫁给设备供应商。有些项目还可获得一定比例的收费分成,以弥补医院的相关开支。

(4)投放期结束后,医院可以无偿获得设备的使用权和所有权,使用过程中只需支付设备的售后维修服务费用。

设备投放业务是非常简单的融资模式,由于国外设备供应商在设备投放后不方便日常管理(每月收款和维护),故往往不直接开展此类业务,而是由国内专业的医疗设备营运商来承担。有条件的营运商还可以向金融机构申请开立远期信用证和项目贷款进行融资,设备供应商给予营运商最长期限的付款条件。这种业务模式如图3-5所示:

可见,这种投放业务具有较好的进口融资功能和实用价值,医院不花钱获得了进口医疗设备,国外设备供应商完成了产品销售,且有较好收款保障,医疗设备运营商则获得了贸易机会,有稳定的收入,还通过融资缓解了资金压力,而金融机构

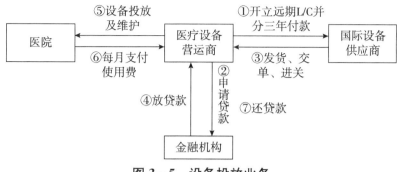

图 3-5 设备投放业务

因医院的付款安全性和稳定性做成了这笔项目贷款业务,可谓是四赢的结果。

## 【运用过程】

浙江仁创医院(以下简称医院)经医疗卫生管理部门批准,拟从西门子公司引进一台超导 1.5T 核磁共振诊断设备(MRI),该设备对神经系统、软组织、骨关节、胆道系统、盆腔脏器等部位检查具有极好的分辨率,是一种无创伤性的检查设备。经多方询价谈判,最终由浙江嘉顿医疗设备管理有限公司(以下简称嘉顿公司)采用设备投放方式来操作医院的核磁共振诊断设备采购项目,嘉顿公司在谈判之前开始了以下前期工作:

(1)嘉顿公司是西门子公司在华的区域代理商,具有核磁共振诊断设备的技术团队和售后服务力量,在浙江有 10 多项类似设备投放业务案例。嘉顿公司对医院的基本情况作了调研,参照相同等级医院核磁共振诊断设备的年使用次数为 5600 次,每次收费 550 元,则每年收入达 308 万元,商定嘉顿公司分得 95% 计 292.6 万元。

(2)进口一台核磁共振诊断设备的成本需 1120 万元(其中货款 896 万元,进口关税、增值税及进口环节各项费用合计 224 万元),50% 货款采用 90 天远期 L/C、50% 货款分三年后 T/T 方式支付。嘉顿公司在合同签订后即向银行申请了 500 万元 5 年期贷款,在医院不支付任何费用的前提下,只需筹集少量的资金就可启动设备投放业务。

(3)假设银行贷款年利率为 7%,自筹资金不计息,设备日常维护费用每年按 30 万包计,嘉顿公司做了一下财务核算,详见收支平衡表(见附件 11)。

经过财务测算分析,如果投放业务做 5 年零 3 个月,则嘉顿公司可获得 161.72 万元合作净收入,盈亏平衡点约在 4 年零 9 个月,可见该设备投放业务期限设在 5 年左右是比较合理的。

　　而医院每年可分得收费为 15.4 万元,主要用于日常水电气及一名工作人员的开支,收支基本平衡。经过双方的协商,最终确定为设备投放期限为 5 年,自该设备到达医院之日起算 5 年,从第 6 年起设备的所有权和使用权归属医院。

## 【操作提示】

　　设备投放业务对于最终用户(医院)来说,是 100% 的融资模式,既不需要出资也没有经营风险,是最大的受益者,而设备投放者是经营风险最大的承担人(主要风险是设备使用次数少于计划数、最终用户经营管理不善、拖欠费用、设备大故障等)。因此,要开展此类业务,必须做大量细致的调研工作和经营分析,设计好合作方案,把风险降到最低,主要把握好以下几个问题:

　　(1)作好项目可行性研究,深入最终用户进行调查(包括同类用户),分析摸清各项成本、费用和不可预见费用,仔细测算经济效益、盈亏平衡及投资回收期,认真分析经营中的风险,必要时加投商业保险,留有足够的经营利润。

　　(2)投资回收期测算好以后,要向设备供应商争取最好的延期付款条件,以缓解资金压力,减少财务费用,缩短投资回收期。

　　(3)与最终用户合情合理地谈判,争取一个较长的投放期限,以获得高的回报。当然有的设备使用期限寿命只有七八年,要了解清楚设备的使用年限及设备维护的成本、技术升级的费用等情况。

　　(4)要落实好设备投放的采购资金及足够的售后服务力量支持;在向金融机构申请项目贷款时,可以协商采用设备按揭贷款的方式来融资,也可以向融资租赁公司来获得租赁设备。

　　(5)设备投放业务与 BOT 业务的区别如表 3 - 4 所示:

表 3 - 4

| 业务 | 应用领域 | 政府特许经营权 | 项目公司 | 融资情况 | 税收政策优惠 |
|---|---|---|---|---|---|
| BOT 业务 | 基础设施 | 是 | 需要组建 | 以项目公司名义融资,易获得贷款 | 有特定的 |
| 投放业务 | 非基础设施 | 否 | 不需要组建 | 以投放者名义融资,不易获得贷款 | 无 |

　　可见,开展设备投放业务尤其要关注融资方式和融资渠道,切不可盲目投放。

(6)对于进口设备采用延期付款方式的合同,应取得外汇管理部门的备案,确保外债额度可以使用。

(7)由于进口设备在进口报关时需向海关缴纳进口环节增值税,为降低经营成本,尽可能当月向最终用户开具增值税专用发票,以抵扣进项税。但由此形成了长期的财务报表上的应收账款,必要时应向属地税务机关报备。

# 五、海外工程项目总承包商采购进口设备贸易融资方式

## 【金融模式】

国内企业作为工程总承包商参与海外工程项目建设,以 EPC 模式(即"设计＋采购＋施工"),承担项目工程的设计、设备采购、施工、安装调试及售后服务工作,对承包工程的质量、安全、工期及交付使用负责。总承包商通过招投标方式选择国内外设备供应商,按工程进度及供货合同要求按时交货。由于大型工程项目资金投入大,招标方(业主)给出的付款条件一般比较苛刻,往往要求中标方(总承包商)带资建设,先交货后付款,造成总承包商的采购资金压力非常大。对于需要从国外采购的关键设备,国外供应商往往要求采用信用证付款方式,有的总承包商只能要求进口代理公司提供商务和融资平台,或将资金压力转嫁给进口设备国内代理商,以间接融通资金,达到顺畅快速拿到设备安装调试的目标。在这种需求下,可能出现以下三种情况:

(1)总承包商找到合格国外供应商后,委托进口代理商开立 3～6 个月的远期信用证,以缓解资金压力;

(2)国外设备制造商在国内的区域代理商在总承包商的分包业务招标活动获得中标,区域代理商作为分包商负责进口设备的供货任务,再委托进口代理商开立远期信用证来融资采购;

(3)为了减少进口关增税的资金占用和物流费用,从国外进口的设备不进入境内而直接采用转口贸易方式出口到海外工程项目所在地,由此带来了复杂的交易结算、收发货安全等财务问题和风险问题,必须事前解决好合作各方法律、财务和税收关系。

基于上述情况,总承包商的设备采购供货可以实现间接融资,但合作关系比较复杂。首先分析总承包合同的支付方式,通常条款如图 3 - 6 所示:

有的总承包合同中,上述第④、⑤项一并支付,即在设备调试合格后支付合同总价的 80% 进度款。

再将设备采购供应及融资模式关系图展开如图 3 - 7 所示:

从上述流程及合作关系可以看出,工程总承包商利用分包商、进口代理商的融

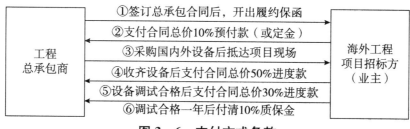

**图 3 - 6　支付方式条款**

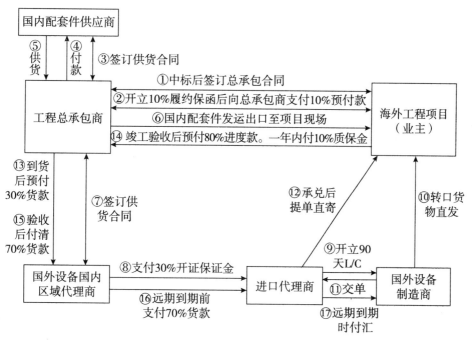

**图 3 - 7　设备采购供应及融资模式**

资条件,只需启动较小比例的资金撬动大的工程承包项目,利用转口贸易的功能直接将国外采购的货物发至海外工程项目现场,大大节约财务费用和物流时间。虽然涉及的合同关系比较多,但只要权责明确,符合相关法律法规,财务结构合理,逻辑关系清晰,就可以化繁为简。

## 【运用过程】

天津吉瑞工程有限公司(以下简称吉瑞公司)是一家专业承接国际、国内电力工程建设项目的总承包商。2014 年 6 月初,吉瑞公司通过国际投标,取得越南某省水电站变电项目建设总承包商资格,为水电站 3 台 200MW 发电机组建设提供配套的变电设施,总承包价为 300 万美元,要求在 2014 年 10 月 31 日前完工交付,以配合水电站并网发电。该项目从国内采购升压变压器等变电设备 3 套,从国外采购断电器等电路开关设备 3 套。吉瑞公司经过公开招标,天津钜丰特变电工有限公司(以下简称钜丰公司)和瑞士 ABFB 公司在上海的代理商(以下简称艾伯公司)中标,中标价分别为 360 万元人民币(国内交货价)和 150 万美元(越南海防港价)。总承包合同和分包合同的交付条件如下:

(1)吉瑞公司海外工程项目的总承包价为 300 万美元,在向海外业主开出10％履约保函后,业主支付 10％预付款计 30 万美元,在项目竣工验收合格后预付 80％进度款计 240 万美元,在竣工验收后一年内付清 10％质保金 30 万美元。

(2)吉瑞公司与钜丰公司供货合同约定:支付 20％预付款后交货,由吉瑞公司负责将货物出口运抵越南项目现场,到货验收合格后,由吉瑞公司向钜丰公司支付80％货款(银行承兑汇票方式,6 个月承付)。

(3)瑞士 ABFB 公司在上海的代理商艾伯公司中标后,在没有收到吉瑞公司任何货款情况下,委托上海华美设备进出口有限公司(以下简称华美公司)代理进口,开立 90 天远期 L/C 向瑞士 ABFB 公司进口电路开关设备,并转口贸易直发越南项目现场,到货后由吉瑞公司预付合同总价的 30％货款给艾伯公司,待海外工程项目竣工验收合格后再付清余款。

假设吉瑞公司融资成本为年 8％,变电设备出口退税率为 17％,2014 年 6 月 20日吉瑞公司收到越南业主 10％预付款时美元结汇汇率按 6.21 计算,9 月 5 日收到80％进度款时美元结汇汇率按 6.13 计算,进口开关设备向国内区域代理商支付进口货款的美元汇率按 6.13 计算,吉瑞公司经营该项目物流及管理费用按 50 万元计,吉瑞公司该项目资金收付和启动资金计划见附件 12。

从附件 12 看出,吉瑞公司运作该项目出现两次垫资,分别为 6 月 15 日 90 万元和 8 月 5 日 251.55 万元,即最高启动资金需要 251.55 万元。经核算,该项目税前利润可实现 434.99 万元(包括国内货物出口退税款 360÷1.17×17％＝52.31万元)。

## 【操作提示】

开展海外工程项目总承包业务是一个复杂的系统工程,涉及多个供应商的合作关系。如何设计进出境物流方案?如何合法合理地降低税负?如何获得融资渠道或杠杆作用降低项目启动资金比例?如何制定总承包合同与分包合同?如何防范整个采购供应链中的经营风险?在签订总承包合同之前,都要作好详细的采购计划,设计好整体组织方案及流程图,并与相关合作方及金融机构作好沟通,咨询清楚进出境货物海关规定、税收政策,预算好启动资金及财务费用。因此,总承包商在操作类似案例时,主要把握好以下几个问题:

(1)总承包商根据自身实力情况,可以向银行申请综合授信,如有条件可自行开立远期信用证来获得融资,自营进口再转口,减少进口代理费用和财务费用,但有的银行开证需要支付一定比例的开证保证金,会增加一部分启动资金。

(2)如果采购的是进口设备,为减少货物进口再出口的物流费用和时间,免缴进口关税和增值税,应尽量采用转口贸易的方式,将进口货物直接发至海外项目现场。要注意转口贸易的提单交寄风险,一定要在事前防范好,签订相关的交接货协议,必要时做一份商业保险或提供担保,同时,要向属地海关及报关行咨询清楚转口贸易相关政策、流程及费用。

(3)如果进口设备国内区域代理商没有垫资、融资的能力,则总承包商可以直接委托进口代理商开立远期信用证并代理进口做转口贸易,只要事前谈好合作条件,就可以减少一道交易环节,节省费用,提高效率(如图3-8所示)。

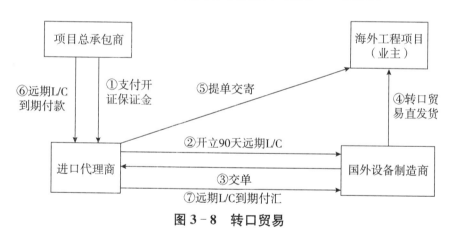

**图 3-8　转口贸易**

(4)要事前设计好总承包合同与各分包合同的财务、税收与法律关系。一般情况下,应先考虑分包合同的付款条件,再来决定总承包合同是否可以接受(视自身的财力情况)。在分包合作条件没有把握前,不要擅自签订总承包合同,以防筹资能力不足造成被动或产生经济损失。

(5)要根据各分包合同与总承包合同的付款方式,计算好自筹资金(启动资金)的最高峰值,这个峰值资金能否落实到位以及融资的成本、整个项目的经济效益是否合理,都应在签订总承包合同前核算清楚,做到心中有数,财务风险安全可靠,有条件的可将融资事项转嫁各分包商,以降低财务费用。

(6)在财务成本挖潜方面,可申请国内贸易开立远期信用证、银行(或商业)承兑汇票,尽早申请出口退税,进口设备还可申请6～12月的国际远期信用证,以获得更长的融资期限。

# 第四篇

# 第三方融资方式

在国际招投标采购业务中,有些投标方因资金实力弱、采购资金紧张而失去投标机会,于是利用进口代理商的融资平台来促成交易;企业生产为了融通资金用已进口的设备作融资租赁回租业务;产品渠道商为了开展进口货物电子商务业务,运用进口代理商的授信资源来融通资金;节能设备服务商开展合同能源管理可以为最终用户融通资金,这种非直接融资的第三方融资方式独立于融资需求方与融资供应方,为资金供需双方提供了有价值的增值服务,当下这种促进交易完成、提高交易效率为目的的第三方平台正在呈现多元化、多赢的局面。

本篇列举了一些利用第三方平台、授信资源、融资功能开展进口贸易融资的运用案例,如融资租赁回租业务、合同能源管理 EMC、委托投标以及进口商品电子商务融资业务等,这些第三方融资为资金供需双方提供了资金融通服务,对合作各方都有利。

# 一、最终用户进口设备开展融资租赁售后回租业务分析

## 【金融模式】

融资性售后回租业务,是指承租方以融资为目的将资产出售给批准从事融资租赁业务的企业后,又将该资产从融资租赁公司租回的行为。售后回租的优点是承租人在保留资产使用权的前提下获得所需的资金,同时又为出租人提供了有利可图的投资机会。售后回租业务是集销售和融资为一体的一种特殊形式,其特点是:

(1)在出售回租的交易过程中,出售人(承租人)可以不间断地连续使用出售的资产(如机器设备);

(2)资产出售价格与租金密切关联,资产的出售损益通常不得计入当期损益;

(3)出售人(承租人)将承担租赁资产的一切成本(如修理费、保险费及税金等);

(4)出售人(承租人)可以在出售回租交易过程中获得财务收益。

因此,售后回租是企业筹集资金的新型方式,承租人与出租人都具有双重身份,进行双重交易,形成资产价值和使用价值的离散现象。

售后回租业务在企业进口设备采购中发挥出快速、便捷的融资功能,通常进口设备作售后回租有两种情形:

(1)情形一:用已投入使用的进口设备作售后回租(如图4-1所示)。

**图4-1 已投入使用进口设备作售后回租**

这是最终用户利用现有的进口设备,以售后回租的方式进行融资,所获得资金主要目的是用于购置其他新设备或扩大生产经营。最终用户出售设备不确认为销售收入,仍按其出售前原账面价值为计税基础计提折旧,其支付给融资租赁公司属

于融资利息的部分,可在税前扣除。这种融资方式非常简便,成本低,风险小,融资效率较高。

(2)情形二:用拟进口设备作为融资租赁的资产出售进行回租(如图 4-2 所示)。

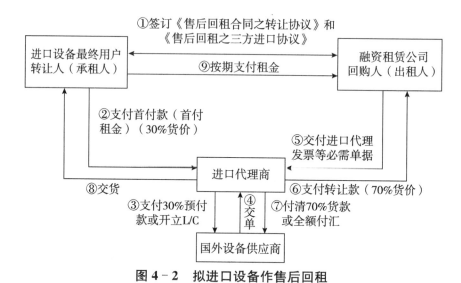

**图 4-2　拟进口设备作售后回租**

这是最终用户利用融资租赁公司的融资平台和进口代理商的进口渠道开展的售后回租业务,最终用户只需支付 30%首付款(租金),就获得了拟进口的设备,这种融资方式与情形一的方式没有本质区别,只是融资用途不同,前者是"融钱",后者是"融物"。

## 【运用过程】

2014 年 8 月,金华奥美特纺织有限公司(以下简称奥美特公司)委托浙江创晟机械设备进出口有限公司(以下简称创晟公司)从德国代理进口 2 台全自动转杯纺织机,合同总价为 122 万欧元(欧元汇率按 7.695 计算)。奥美特公司向创晟公司支付 30%的开证保证金计 281.637 万元后,创晟公司向德国供应商开立了 122 万欧元的即期 L/C。因奥美特公司向银行申请的项目贷款未获批准,便与上海荣易达融资租赁有限公司(以下简称荣易达公司)签署了《融资租赁售后回租合同》和《融资租赁售后回租合同之转让协议》(见附件 13),并与创晟公司签署了《融资租赁售后回租合同之三方进口协议》(见附件 14)。

上述《融资租赁售后回租合同之转让协议》的目的是:转让人(奥美特公司)将

其进口购买的设备转让给受让人(荣易达公司),并再从受让人处租回。协议约定:在转让人向进口代理人支付了总价30%款后,即视为转让人向受让人支付了租赁首付租金;在受让人向进口代理人支付了总价70%款后,即视为受让人向转让人履行了付款义务;设备所有权自受让人支付价款之时起转归受让人所有,同时视为设备由转让人交付受让人。

上述《融资租赁售后回租合同之三方进口协议》的交易要点是:

(1)进口设备即为租赁合同项下的租赁物,该进口设备、供应商以及进口代理人均为转让人(承租人)奥美特公司自行选定;

(2)奥美特公司委托创晟公司代理进口设备,创晟公司按照《委托进口代理协议》约定完成所有进口商务事项,并将设备交付给奥美特公司;

(3)确认付款方式与《融资租赁售后回租合同之转让协议》一致,其中70%的货款在满足必需的条件后由荣易达公司直接付给创晟公司;

(4)进口环节所需的税费由奥美特公司承担,进口设备若发生迟交货、安装调试与质量问题、索赔等事项均有奥美特公司与创晟公司处理,与荣易达公司无关。

此后,德国OSZ公司将2台设备装运到上海港,创晟公司在收到全套装运单据后,凭协议约定的证明资料向荣易达公司收取了70%价款计人民币657.153万元,创晟公司向开证银行议付后办理了进口报关手续并将设备送至奥美特公司现场。至此,各方按协议要求如期履行了相关的义务。

## 【操作提示】

从本案例的操作过程可以看出,奥美特公司和荣易达公司合作开展的售后回租业务,奥美特公司融得了70%合同价款的资金,购置了进口设备投入生产获利,这种一次性融资分期还款方式,大大减轻了奥美特公司的还款压力。如果荣易达公司直接开展自营进口,则可以采用直接融资租赁的方式来操作,如果承租人委托进口代理人进口时,则应采用资产(进口设备)出售再回租的方式操作,开展此类融资业务,要准确理解税收政策,妥善处理好以下问题:

(1)在售后回租交易过程中,出售方对资产所有权转让并不要求资产实物进行转移,因而出售方(承租方)可以连续使用资产,一方面解决了企业流动资金困难问题,另一方面盘活了固定资产,有效地利用现有资产,产生资本扩大效果。作为购买方即出租方只是获得资产的所有权,并没有实质上掌握资产的实物,形成了实物转移与价值转移的分离。根据《企业会计准则——租赁》规定,出售人(承租人)不得将售后回租损益确认为当期损益,而应予以递延,分期计入各期损益。

(2)生产企业在开展售后回租融资租赁业务的税务筹划时,应考虑企业自身的生产经营、财务成本、盈亏等情况,合理合法地利用现行的税收政策来获取税收利益,并综合考虑各方因素后选择合适的融资方式。

(3)出售方(承租方)的增值税、营业税和所得税处理的法律依据是:《国家税务总局关于融资性售后回租业务中承租方出售资产行为有关税收问题的公告》(国家税务总局公告 2010 年第 13 号)第一条规定"根据现行增值税和营业税有关规定,融资性售后回租业务中承租方出售资产的行为,不属于增值税和营业税征收范围,不征收增值税和营业税"以及第二条规定"根据现行企业所得税法及有关收入确定规定,融资性售后回租业务中,承租人出售资产的行为,不确认为销售收入,对融资性租赁的资产,仍按承租人出售前原账面价值作为计税基础计提折旧。租赁期间,承租人支付的属于融资利息的部分,作为企业财务费用在税前扣除"。因此,承租人应掌握国家相关税务政策,按此规定处理好企业的税务问题。

(4)最终用户在代理进口的方式下开展售后回租业务,要同时签署《融资租赁售后回租合同》、《融资租赁售后回租合同之转让协议》以及《融资租赁售后回租合同之三方进口协议》,明确租赁物的所有权、使用权,明确付款的方式和性质,明确各方的责任、义务和享有的权利,明确租赁物选定、进口代理人选定的责任以及租赁物的售后维修责任等,理顺合同关系,为今后可能发生的经济纠纷备好相应的法律文书。

# 二、进口商(节能服务企业)为高能耗企业提供合同能源管理 EMC 的营运方案

## 【金融模式】

合同能源管理(Energy Management Contract,简称 EMC)是指专门从事节能服务的企业,通过与有需进行节能技术改造的企业或政府机构签订服务合同,为其节能项目进行投资或融资,并提供各种节能服务,最终双方以节能效益分享方式收回投资和取得利润的一种服务合作模式。合同能源管理的实质就是以减少的能源费用来支付节能项目全部成本的节能投资方式,这种方式可大大降低用能单位节能改造的资金和技术风险,帮助用能单位进行节能改造。

合同能源管理让用能企业在零投入的情况下完成节能改造,并获得节能收益,节能设备制造商也有收益,有效地促进产品销售,对于提供节能服务的企业将通过投资取得回报。所以,合同能源管理项目受益的是三方,而收益完全来自节约的能耗。EMC 模式如图 4 - 3 所示:

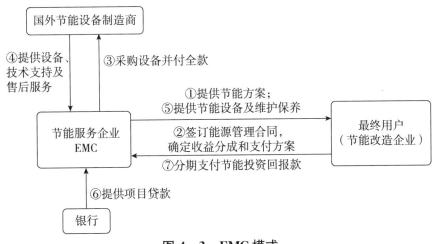

**图 4 - 3　EMC 模式**

**【运用过程】**

浙江丰弘水泥有限公司(以下简称丰弘公司)是一家年产 3000 吨特种水泥生产企业,企业经营多年,原有的水泥生产线使用时间较长,不仅能耗高,而且生产效率低下,从企业长远发展考虑,丰弘公司决定对原有生产线进行改造,采购大功率直流风机 6 台(总功率 9530kW,年用电 7 千万度以上,是用电的主要设备,也是水泥生产成本),年产能扩大到 6000 吨。

浙江汇庆节能设备开发有限公司(以下简称汇庆公司)是一家专业从事节能方案设计、国际和国内节能设备采购和销售业务的专业节能服务公司,在得知丰弘公司的投资计划后,对该公司的生产工艺和求购设备情况分析后得出:水泥厂是能耗大户,丰弘公司此次采购的 6 台大功率高压变频器对风机节能有很大的效果,对整个企业节能降耗有着很大的作用。但丰弘公司此次建设水泥生产线投入资金巨大,已无多余资金用于节能改造,而且对节能改造投入是否能达到节能效果心中也无数。

汇庆公司派出技术人员对丰弘公司进行考察和研究,将 6 台风机技术资料发给专门研发和销售节能设备的日本天润公司(以下简称天润公司)。天润公司研究后认为只要采用他们的大功率高压变频器调速设备,接入到 6 台风机的大功率电机将有良好的节能效果,并提供设备安装和售后服务。

节能效益测算如下(电价按 0.70 元/度,3 年用电时间预计 3×7000=21000 小时,根据设计参数预期保底节电量如表 4-1 所示,保底节电款按预期节电款的 70%计算):

表 4-1 节能效益测算

| 序号 | 电机型号 | 电机功率(kW) | 预期节能功率(kW) | 预期节电款(元) | 保底节电款(元) |
|---|---|---|---|---|---|
| 1 | YR710-6 | 2000 | 170 | 2499000 | 1749300 |
| 2 | YR710-6 | 2000 | 170 | 2499000 | 1749300 |
| 3 | YRKK500-4 | 630 | 90 | 1323000 | 926100 |
| 4 | YR710-10 | 1000 | 140 | 2058000 | 1440600 |
| 5 | YRKK630-6 | 900 | 130 | 1911000 | 1337700 |
| 6 | YR800-6 | 3000 | 390 | 5733000 | 4013100 |
| 合计 | | 9530 | 1090 | 16023000 | 11216100 |

预期节电款＝预期节能功率×21000 小时×0.70 元/度,保底节电款＝预期节电款×70%。

汇庆公司对节能改造所需投资成本进行了测算,为了减轻公司资金压力,设备采购资金采用银行贷款。投资成本如表 4-2 所示:

**表 4-2　汇庆公司投资成本测算**

| 内容 | 金额(万元) | 备注 |
|---|---|---|
| 进口 6 套调速设备 | 320 | 含进口关增税和进口环节费用 |
| 资金占用成本 | 32 | 融资成本按年 10% 计算 |
| 其他费用 | 28 | |
| 合计 | 380 | |

汇庆公司和丰弘公司经过磋商,就 6 台风机的节能改造事宜签订合同能源管理协议如下:

(1)汇庆公司对丰弘公司水泥生产线中 6 台风机的驱动电机进行节能改造。提供 6 套调速设备并负责设备接入和安装调试工作,维修保养 3 年,汇庆公司投入的全部费用由汇庆公司承担。

(2)节能收益分成比例按汇庆公司 70%,丰弘公司 30%,每满 3 个月结算一次,设备运行时间按 3 年运行 21000 小时计算,如 3 年运行时间不足 21000 小时,则延长凑足 21000 小时。

(3)在达到合同约定的节能分成时间后,6 套调速设备所有权归属丰弘公司,汇庆公司或天润公司可对设备提供有偿维修服务,届时另行商定。

上述合同能源管理的合同签订后,汇庆公司立即与天润公司签订了设备进口合同及技术协议,相关内容如下:

(1)汇庆公司向天润公司付清 6 套调速设备全款,天润公司负责设备现场安装、调试,设备运行后的实际节能功率保证达到约定的参数(允许偏离范围小于 5%)。

(2)天润公司对设备提供 3 年质保期,质保期满后则有偿服务。

(3)如最终全部或部分设备运作 1 年内达不到保底节能效果,汇庆公司可随时要求天润公司原价回收设备,超过 1 年后回收价格按每年 20% 折旧计算。

丰弘公司生产线改造后顺利投产,6 台调速设备接入风机后,节电效果明显,始终保持在预期节能功率的 90% 以上运行,前 2 年的节能效益如表 4-3 所示:

表 4-3　丰弘公司节能效益

| 节能效益结算时间 | 节电款（万元） | 汇庆公司 70% 节电分成款（万元） |
|---|---|---|
| 第一个季末 | 128.6 | 90.00 |
| 第二个季末 | 127.9 | 89.53 |
| 第三个季末 | 128.2 | 89.74 |
| 第四个季末（设备检修停机 15 天） | 95.5 | 66.85 |
| 第五个季末 | 127.5 | 89.25 |
| 第六个季末 | 127.0 | 88.90 |
| 第七个季末 | 126.5 | 88.55 |
| 第八个季末（设备检修停机 15 天） | 95.4 | 66.78 |
| 合　计 | 956.6 | 669.6 |

可见，调速设备接入后的 2 年内，汇庆公司全部收回了投资成本和利息，丰弘公司获得丰厚的节能效益计 287 万元，第三年双方还有可观的节能分成效益，6 台风机在调速改造后故障率也降低了，维护成本大大减少。

**【操作提示】**

合同能源管理模式给丰弘公司解决了节能投资改造资金来源、投资风险和技术支持三大问题，丰弘公司在零投入的情况下完成了生产设备节能改造，从中获得节能效益。汇庆公司通过融资手段解决节能设备采购资金问题，与天润公司合作获得了技术支持，最终取得了良好的投资效益，实现了三方共赢。今后操作此类合同能源管理项目，应注意以下问题：

（1）对于需要进行节能改造的生产企业，节能服务企业要对生产企业现有生产设备以及新增设备状况（包括能耗数据）进行详细的调查，分析研究节能改造的可行性，结合节能设备的选型是否最佳配置，计算出节能改造后的经济效益，拟定节能改造技术方案，供生产企业决策。

（2）合同能源管理模式一般情况下是由经验丰富的专业节能服务运营商来提

供方案设计、节能设备投资与技术支持的。因此,如果进口商(国外设备制造厂商)不是专业的节能服务企业,则必须与专业的节能服务公司或节能设备经销商进行合作,发挥各自的优势,分工负责,联合开展合同能源管理业务。

(3)节能改造方案实施前,要测算好节能效益(要有预计节电款和保底节电款的数据),节能服务企业与节能改造企业的节电款分成比例一般为80%∶20%或70%∶30%为宜,保证节能服务企业尽早收回投资成本,降低投资风险。通常测算后节能服务企业在2年内全部收回投资本息是值得投资的,第三年以后是超额收益,合同管理期限应以投资回报率在30%以上为宜。

(4)对于进口商采购的节能设备,应由制造商(或供应商)提供售后服务的保证,质保期要大于合同能源管理期。而且,要有节能效果的保证措施,付款进度与节能效果挂钩或有设备回收条款,以降低节能服务企业(或进口商)的采购风险。

(5)节能设备接入生产设备时,要有节能设备故障切换开关、节电数据采集对比表、节能设备维修方案、节电款支付担保措施等,保障节能改造方案的实施和日后管理、结算工作,维护各方的利益。

# 三、进口商受设备供应商委托参加投标的融资合作模式

**【金融模式】**

进口业务中,由于最终用户自身实力有限或因法律法规规定等多种情况,通常会采用公开招标或邀请招标的采购方式来进口货物,以此选择有利于自己的供货商和交易方式,在付款方式上一般对供货商不利,需要供货商垫付货款。而供货商或其国内代理商为了拓展业务,通过与进口代理公司融资合作,委托进口代理公司参与投标业务来间接实现销售以减轻其资金压力,进口代理公司则负责进口商务操作和融资支持,供货商负责技术支持和售后服务。业务合作和操作流程如图 4 - 4 所示:

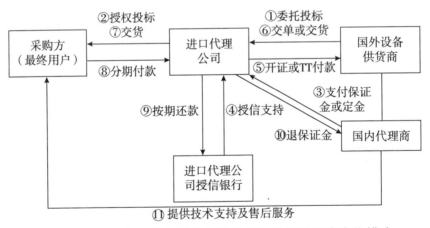

**图 4 - 4　进口商受设备供应商委托参加投标的融资合作模式**

**【运用过程】**

浙江某检验检疫局(最终用户)农产品监测中心实施一项质量检测项目,拟采用公开招投标方式征税采购二台检测设备,招标文件规定的付款要求为:签订合同后预付 30%,剩余款项在设备到货验收合格后 3 个月内支付。上海艾达仪器设

备有限公司(以下简称艾达公司)是英国检测设备制造厂的国内代理商,拟参与此次投标,由于招标文件上付款条件对自己不利,进口付汇与最终用户付款有时间差,需垫付货款3个月。于是,艾达公司与浙江恒力进出口有限公司(以下简称恒力公司)合作,委托恒力公司参加此次投标,要求恒力公司提供融资服务,恒力公司经过进口费用和融资成本效益测算,接受艾达公司委托投标,投标金额为170万元,而设备供货价为CIF上海20万美元,进口关税为5%,进口增值税17%,进口环节费5万元(包含清关费、运输费、银行手续费、保险费),银行贷款年利率为7%,人民币兑美元汇率按6.1计算。由于英国检测设备制造厂不接受即期信用证,只接受100%T/T方式收款后发货。因此,恒力公司在收到30%预付后必须垫付70%货款及相关进口税费。假设恒力公司能中标,则恒力公司在收款、付款、垫款时间、交货、验收环节的节点如图4-5所示:

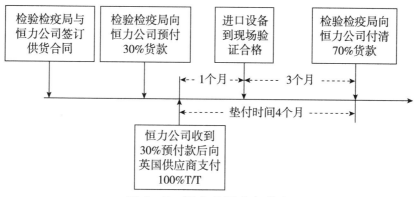

**图4-5　恒力公司业务节点**

恒力公司需垫款金额为:

(1)70%货款:20万美元×6.1—170万元×30%=71万元

(2)进口关增税:20万美元×6.1×(105%×117%—1)=27.877万元;

(3)进口环节费用:5万元;

以上合计:71+27.877+5=103.877万元。

假设垫款资金能通过授信银行贷款解决,贷款年利率按7%计算融资成本,则利息为103.877×7%×4÷12=2.42万元。

现恒力公司代理进口方式的毛利为:

170-20×6.1×1.05×1.17-2.42-5=12.7万元。

如果检验检疫局要求开具增值税发票时,还应考虑把应缴增值税及附加费的成本因素。

恒力公司经过上述经济效益测算,在落实银行贷款资金或通过自筹资金解决垫款后接受了艾达公司的委托,参加了上述项目的投标,结果一举中标。艾达公司通过与恒力公司的贸易及金融合作,促成了该笔业务的成交,而恒力公司通过有合作关系的银行贷款支持,解决了垫付货款的资金来源,虽然存在远期收款的风险,但有艾达公司及英国供应商的技术支持和售后服务,风险基本可以控制,最终取得较好的合作利润,这种融资合作模式可以实现多方共赢。

## 【操作提示】

在国际贸易相关的招投标采购活动中,经常有国际设备制造商不熟悉、不方便直接参与招投标业务,而与进口代理公司合作,通过授权委托进口代理公司去参加投标。一般来说,国外制造厂商不愿意承担交易后的收款风险,要求采用即期 L/C 或付清货款后交货,把收款的责任转嫁给进口代理商。而采购方尤其是政府采购部门开出的交易条件也比较苛刻,很难与国际供应商直接达成付款条件,这就需要中间商(进口代理商)提供融资功能及风险转嫁来促成交易。开展此类贸易合作,应注意以下几点:

(1)进口代理公司参与此类投标业务时,最终用户的选择较为重要,应尽量选择政府机构、行政事业单位、国有企业或上市公司,以减少收款风险,同时,要有足够的自有资金垫付能力或需取得授信银行的资金支持。

(2)进口代理公司应根据国外设备制造厂商或其国内代理商提供的付款条件、最终用户的付款比例及各项成本和融资费率,测算清楚该笔业务的毛利润,只要毛利率高于常规的进口代理费率,一般是可以操作的。

(3)在进口合同签约时,尽可能与外商沟通,采用远期 L/C 或即期 L/C,以减少资金垫付的成本,如果能采用 6 个月的远期 L/C,则可以不用垫资来完成交易。

(4)国外设备制造厂商或其国内代理商必须提供技术支持和售后服务,进口代理公司直接投标也必须经设备制造厂商的授权许可(见附件 15)。必要时由国内代理商支付一定比例的履约保证金,确保技术支持及售后服务到位,降低经营风险。

(5)最终用户常常要求设备款的 5%～10%留作质量保证金,在质保期结束后支付。因此,进口合同签约时必须增加相应的质保条约。

(6)该类进口融资业务的毛利率(毛利润/垫资额)一般情况下应高于 15%以上才值得操作。如果得不到银行贷款支持,而采用自有资金或外部借入资金来操作,则毛利率应考虑在 20%以上为宜。

# 四、总承包商利用进口代理商的融资工具开展大型成套设备总承包业务分析

## 【金融模式】

在大型、成套设备采购工程的招投标活动中,有些招标文件规定的付款条件对投标方很不利,投标方经济实力差无法作出响应,自身没有条件参与招投标活动。投标方虽然业务熟悉,有专业技能和完善的服务,但自有资金不足或融资能力弱,只能寻求与供应商(或进口代理商)合作,利用他们的融资功能(如赊账、开立远期信用证、融资租赁、设备按揭等)来实现设备工程的总承包供应业务,尤其是采购中的关键设备或零部件从国外进口时,就可以把融资任务转嫁给国外供应商或进口代理商,如果国外供应商不接受后 T/T 延期付款方式,可利用进口代理商开立远期信用证、付款保函等支付工具来实现融资目的。一般这类项目招标文件中的交易条件如图 4-6 所示:

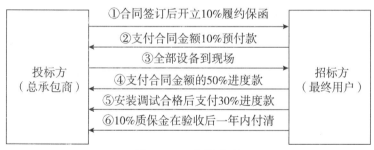

**图 4-6　交易条件**

总承包业务的采购融资模式如图 4-7 所示:

从上述招投标交易条件和融资模式可见,总承包商只收到 10% 的预付款,不足以支付全部设备货款,需等到全部设备到厂后才能拿到 50% 进度款。因此,总承包商若没有足够的采购资金,通过进口代理商开立远期信用证可以缓解采购资金的压力,只要计算好远期信用证的付款期限、交货途中时间、安装调试时间与支付进度款的时间相匹配,就可以如期实施这一承包工程项目。

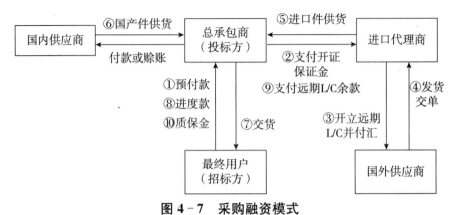

图 4-7　采购融资模式

此类工程项目中的国产基础件、国内配套组件的采购,也可以通过赊账、开立国内远期 L/C、票据贴息、银行保函等方式来融资,或对应招标文件的付款要求采用分期付款方式来操作。

## 【运用过程】

上海中澜环境工程有限公司(以下简称中澜公司)是一家专业为国内火电厂提供湿式静电除尘器技术、设计、制造、安装及售后服务的总承包商。2014 年年初,中澜公司参加了项目招投标,作为总承包商中了某电厂的 2 台超超临界燃煤机组的湿式静电除尘器供货项目。该项目中标价人民币 8000 万元,招标文件上要求整个工程项目必须在 2014 年 6 月 30 日前完工交付,以配合电厂的如期运行。该项目中标总价中,包含采购进口关键组件、国产配件以及向技术出让方日立公司支付技术服务费,而电厂给中澜公司的付款进度按以下六个阶段分批支付(如表 4-4 所示):

表 4-4　电厂付款进度

| 内容 | 预付款 | 投料款 | 进度款 | 进口款 | 验收款 | 质保金 | 合计 |
|---|---|---|---|---|---|---|---|
| 支付时间 | 中澜公司开出预付款银行保函 | 钢结构进场 | 国产件全部进场 | 进口件全部进场 | 设备安装验收后 | 设备验收合格后一年 | |
| 付款比例 | 10% | 10% | 10% | 30% | 30% | 10% | |
| 金额(万元) | 800 | 800 | 800 | 2400 | 2400 | 800 | 8000 |

中澜公司成立于 2012 年年初,业务增长较快,除了该中标的项目外,有 5 个类

似的电厂供货项目已开工,中澜公司注册资金只有 3000 万元,银行流动资金贷款 2000 万元及票据业务敞口额 1000 万元,多个项目同时开工,叠加在一起的资金缺口较大,必须拓宽融资渠道才能运作。上海光福设备进出口有限公司(以下简称光福公司)是一家专业代理进口机械设备的外贸公司,银行授信充足,可以给中澜公司的项目起到融资作用,现分析如下:

(1)中澜公司向日立公司采购的进口关键部件及进口成本如表 4-5 所示(日元汇率按 0.06 计,阳极板和阴极线的关税税率为 5%,喷嘴关税税率为 0,进口增值税税率为 17%):

表 4-5 进口成本

| 品名 | 数量 | 单价(万日元) | 总价(万日元) | 折合人民币(万元) | 关税(万元) | 增值税(万元) | 关增税合计(万元) |
|---|---|---|---|---|---|---|---|
| 阳极板 | 1650 块 | 13 | 21450 | 1287 | 64.35 | 229.73 | 294.08 |
| 喷嘴 | 1780 个 | 1.6 | 2848 | 170.88 | 0 | 29.05 | 29.05 |
| 阴极线 | 240 组 | 108 | 25920 | 1555.2 | 77.76 | 277.6 | 353.36 |
| 合计 | | | 50218 | 3013.08 | 142.11 | 536.38 | 678.49 |

进口件折合人民币 3013.08 万元,由光福公司采用 120 天远期信用证方式向日立公司支付。如果进口环节费用 50 万元,则中澜公司向日立公司采购的进口关键部件的税费为 728.49 万元。

(2)日立公司向中澜公司转让技术服务,需支付 6100 万日元,折合人民币 366 万元,在进口件发运前由光福公司代理对外支付。该技术服务费属于技术进口,对外支付前需向当地税务局缴纳税费(假设为合同金额的 6%)计人民币 21.96 万元。

(3)中澜公司国产基础件和配套组件采购情况如表 4-6 所示:

表 4-6 中澜公司采购情况

| 执行机构 | 防腐工程 | 电气 | 钢结构 | 其他配件 | 总价 |
|---|---|---|---|---|---|
| 100 万元 | 150 万元 | 200 万元 | 400 万元 | 100 万元 | 950 万元 |

中澜公司在进口件到货前只能收到电厂 30% 货款,即人民币 2400 万元,而采购需支付进口件、技术服务费以及国产件的款项,合计人民币 3013.08+728.49+

366＋21.96＋950＝5079.53万元,资金缺口很大。

若由光福公司代理进口件和技术服务,利用光福公司的授信资源,开立远期信用证(即进口件付款结构为10％T/T＋90％120天远期L/C,技术服务费付款结构为30％T/T＋70％60天远期L/C),则中澜公司在进口件到货前只需支付以下款项:

(1)进口件:10％T/T＋30％开证金额的保证金＋税费＝3013.08×10％＋3013.08×90％×30％＋728.49＝1843.33万元;

(2)技术服务费:30％T/T＋30％开证金额保证金＋税金＝366×30％＋366×70％×30％＋21.96＝208.62万元;

(3)国产件:950万元。

以上合计人民币3001.95万元,只要能开立上述远期信用证,中澜公司资金压力就不大了,利用光福公司的远期信用证账期融资,在收到进度款项后再来支付远期信用证欠款,可以顺利运作此项目。

## 【操作提示】

在大型装备、建筑工程、成套非标设备的采购业务中,大多数企业都会通过招投标程序来进行,招标方(最终用户)给出的付款条件一般情况下比较苛刻,以取得主动地位。在整个工程采购清单中,有的会采用进口件(或因招标方要求采用进口件),而投标方如果自有资金不足或没有银行授信,则很难开展业务,必须借助进口代理商的平台来实现融资目的。此类业务的开展,主要注意以下问题:

(1)此类工程采购项目的最终用户多数为大中型企业、国有企业,一般实力强,信誉好,项目标的大,收款风险比较低。项目启动前期,总承包商应具备足够的资金垫付能力或融资能力方可参与投标活动。

(2)项目工程中若涉及进口件,可以与外商协商采用后T/T或远期信用证的支付方式,以减轻启动资金压力,降低项目运营成本,用少量的资金来撬动大项目。

(3)采购国产件时,在国内供应商可接受、且有银行授信条件的情况下,总承包商可以采用承兑汇票、银行保函、开立国内远期信用证的付款方式,大大降低前期资金投入,减少财务费用。

(4)如果招标方要求供货范围中的部件必须采用进口件的,则在编制投标文件时,要查清楚该进口件的进口关税税率,计算准确进口所有的成本,防止报价错误。

(5)总承包商如果自身授信不足或自有资金不足,可寻找进口代理、非金融机构来直接或间接地获得融资,同时要比较各种融资工具的优缺点及融资费用的差异,选择有利于自己的融资方式。通常的融资工具其成本高低大致如表4-7所示:

表 4-7　融资工具及其成本

| 后 T/T | 银行保函或远期信用证 | 即期信用证 | 金融机构贷款 | 融资租赁 | 非金融机构借款 | 民间资金 |
|--------|------------------|-----------|-----------|---------|-------------|--------|
| 最低 | 低 | 较低 | 一般 | 较高 | 高 | 最高 |

(6)有的进口关键部件需要向外商支付技术服务费,在对外支付前,必须向当地税务部门申报,依法缴纳增值税和所得税,不能忽视或漏缴。

(7)采用何种融资工具? 融资的金额如何计算? 要根据招标文件中给出的付款条件和自身能力来分析决定,自身履约能力不足则不可随意做出投标响应,不然的话,不履行合同或不完全履行合同都会给自己带来名誉损失和经济损失。

(8)对于最终用户是国有企业、上市公司等资信较好的供货合同、工程承包合同,总承包商可以凭基础合同(进口合同、供货合同)向商业银行申请应收账保理业务或项目贷款,有自营进出口权的可向银行申请远期信用证授信,以直接实现融资目的。

# 五、设备供应商如何利用进口代理商的授信资源响应招标方的采购要求

## 【金融模式】

在进口设备采购业务中,采购方在编制招标文件时,往往会设置对自身有利的付款条款,投标方为了能够中标,就采取先投标、后谈判的策略,即通过谈判,试图变更付款方式,达到有利于自己的付款条件,如果谈判不成,为了响应采购方的采购要求,中标方会寻求进口代理商(受采购方的委托,代理采购方完成进口环节相关商务工作的公司)的帮助,即通过进口代理的平台,既满足采购方的付款要求,又满足中标方的付款要求,以促进合同的顺利履行。

采购方规定的付款条件和境外设备制造商要求的付款条件如图 4-8 所示:

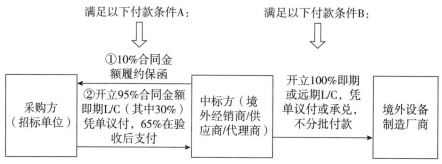

图 4-8　采购方和外商的付款条件

上述两组支付条件不对等,显然必须通过中标方的融资平台来满足前后两方的付款条件。如果中标方没有授信条件,则可以通过进口代理商融资平台(授信条件)来实现上述三方的付款条件,如图 4-9 所示:

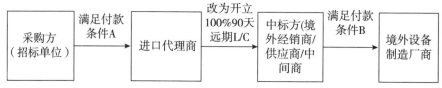

图 4-9　进口代理商实现三方付款条件

从上述模式看出,在不影响采购方的付款要求情况下,进口代理商利用银行授信条件开立 90 天远期 L/C,只要设备验收工作在 90 天内完成,进口代理商就不需要垫资,同时也满足境外设备制造商的付款要求,较好地解决了采购方与设备制造厂商之间付款条件不对等的问题。

## 【运用过程】

浙江安盾消防装备有限公司(以下简称安盾公司)于 2014 年 6 月 20 日通过国际招标方式采购一批消防装备,招标文件设置的付款方式为:收到中标商的 10％合同金额履约保函后,开立 95％合同金额即期信用证,其中 30％合同金额在装船后凭单议付,65％合同金额在装备验收合格后凭验收合格报告支付,剩余 5％合同金额在验收合格一年后电汇支付。该采购招标项目最终由华臣经贸(香港)有限公司(以下简称华臣公司)中标,中标金额为 180 万欧元,交货期为合同签订后 6 个月。

安盾公司委托浙江中达设备进口有限公司(以下简称中达公司)为其代理进口所有装备。在招标工作结束后,安盾公司与中达公司签署了委托代理进口协议,中达公司以买方名义与华臣公司签署了设备进口合同。随着发货时间越来越近,中达公司始终未收到华臣公司开具的履约保函,经询问,华臣公司向中达公司说明了如下原因:

(1)华臣公司与德国制造厂商之间的支付方式为开立 100％合同金额的即期信用证,95％凭单议付,5％验收合格一年后支付,不接受分三批支付;

(2)华臣公司需通过香港银行向德国制造厂商转开信用证,由于华臣公司银行授信不足,香港银行要求其收到中达公司开来的信用证作担保后再证,否则,华臣公司需要向香港银行支付 100％开证金额的开证保证金;

(3)香港银行认为 65％合同金额在装备验收合格后付款为信用证软条款,不接受此条款;

(4)经与安盾公司协商,安盾公司不同意变更支付条件。

经几方协商无果,华臣公司向中达公司求助,希望中达公司能为其开立 95％合同金额 90 天远期信用证,并在信用证到期后能为其垫款直到装备验收合格。欧元汇率按 8.5 计算,需垫款 994.5 万元(180 万欧元×8.5×65％)。

在安盾公司不改变付款条件的情况下,中达公司向华臣公司开立 95％合同金额的 90 天远期 L/C,只要装备验收期限在 90 天以内,那中达公司就不需要垫付 65％合同金额的货款。按照以往消防装备的验收情况,一般在 2 个月左右的期限即可完成验收工作,中达公司需要垫款的可能性比较小。尽管如此,中达公司开证面临的风险还是存在的:

(1)装备质量不受控,验收时间不确定,若装备验收不合格,中达公司信用证到

期必须垫款,且垫款时间不确定;

(2)华臣公司注册在香港,是一家中间商,经济实力有限,若发生装备验收不合格情况,中达公司较难收回垫款;

(3)若中达公司远期信用证到期后安盾公司不及时付款,中达公司必须垫付全额信用证款。

随后,中达公司对华臣公司作了考察,分析了其财务数据、市场销售、经营状况,同时也了解了安盾公司装备的用途、以往的采购情况,认为华臣公司是长期经销消防装备的专业公司,知名度高,销售网络成熟;安盾公司与中达公司已合作多年,信誉好。据此,中达公司制订如下融资方案:

(1)同意更改原合同约定的支付方式,由中达公司向华臣公司开立95%合同金额90天远期信用证,安盾公司与中达公司的支付方式不变。其资金流结构如图4-10所示:

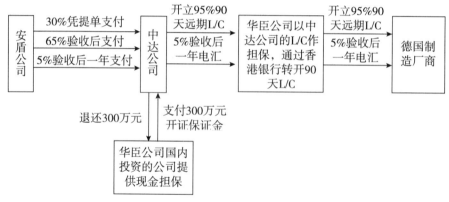

**图4-10 资金流结构**

(2)由华臣公司国内投资的公司提供现金担保,在中达公司开立上述远期信用证前,由其国内投资的公司向中达公司支付300万元开证保证金,既可以降低中达公司垫款额,又可以控制风险。

(3)华臣公司保证在远期信用证最迟付款日前完成验收,若未能按期完成验收,则由中达公司为其垫付远期信用证项下货款,最长垫资期限为3个月。垫资利息由其国内投资的公司承担,按月1%计付利息,以实际垫资金额和天数计算。

(4)为促使华臣公司配合尽快完成验收,若华臣公司在货物到港后3个月内仍未完成验收,华臣公司需向中达公司按1000元/天支付逾期违约金。

(5)若华臣公司在中达公司3个月垫资期限内仍未完成验收,则华臣公司国内投资的公司将立即无条件向中达公司付清全部垫资款。

(6)待中达公司收齐安盾公司65％合同金额货款后,扣除垫资利息和逾期违约金,向华臣公司国内投资的公司退还剩余开证保证金。

整个融资方案和装备验收工作的时间安排如图4-11所示:

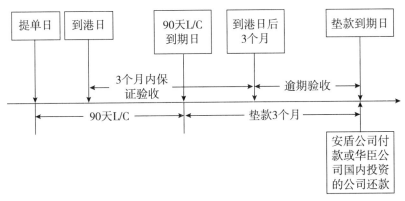

**图 4-11**

上述融资方案确认后,中达公司、华臣公司与其国内投资的公司浙江华臣经贸有限公司签署了一份《协议书》(见附件16)。

显然,上述融资方案实施后,华臣公司利用中达公司的授信资源获得了很好的延期付款条件,缓解了资金压力,满足了招标方和设备制造厂商不同的付款要求,经过前后方案的变更,取得了良好的财务收益。假设授信后的开证保证金为零,资金利息按月1‰计算,信用证后5个月装运,船运时间为1个月,到港后3个月完成验收,则华臣公司融资前后的财务成本分析如下:

(1)如果华臣公司按原合同付款方式向外商开立100％合同金额即期L/C,则华臣公司需承担65％合同金额的验收款垫资利息,即需支付利息:65％×180万欧元×8.5×1‰×(1+3个月)=39.78万元。

(2)变更付款方式后,华臣公司需承担的资金利息:

①验收款的垫资利息:65％×180万欧元×8.5×1‰×1个月=9.945万元;

②300万元开证保证金利息:300万元×1‰×(5+1+3个月)=27万元;

③30％合同金额安盾公司提前支付利息:

30％×180万欧元×8.5×1‰×3个月=-13.77万元。

(3)上述华臣公司财务成本可节省:

39.78-(9.945+27-13.77)=16.605万元。

**【操作提示】**

在进口设备国际招标活动中,设备制造厂商通常委托其代理商(供应商或经销商)出面参加投标活动,但不降低收款条件,形成了采购方(招标单位)与设备制造厂商之间的付款条件不对等,只有通过代理商的平台资源来转换付款条件。当代理商不具备转换条件时,一般由进口代理商的融资平台来解决采购方和设备制造厂商合同支付方式不对等的问题,这是比较便捷、有效的融资途径。这种金融模式可以实现四方共赢,即满足采购方采购货物的付款要求;设备制造厂商安全及时收到全额货款;进口代理商接到了进口业务,取得了服务费收入;代理商(经销商或供应商)转换付款条件后,降低了财务成本,减轻了资金压力。

由于这种进口金融模式涉及到五个合作方,经济关系和责任就比较复杂,在操作之前必须理清操作思路、合同的法律关系、各方的经济利益和责任,风险和利益相匹配才行。因此,在履行合同之前各方都要规避好经营风险,重点把握好以下几点:

(1)采购方要选择专业性强、授信规模大、商务技能强、资信好的进口代理商作为采购代理,开展进口商务和融资业务,确保按招标文件的规定履约好采购合同。

(2)进口代理商既要考虑采购方的资信、采购设备的用途、付款能力、付款方式的可变性等情况,也要调查供应商的资信、财务、销售情况,并根据付款方式转换的融资风险情况,增加必要的担保条件(如资产抵押、第三方信用担保或支付保证金)。

(3)进口代理商在向担保方(负责设备验收的责任方或供应商)收取的开证保证金比例应大于供应商销售本货物的利润,以提高其违约成本,降低出险概率。本案中,华臣公司国内投资的公司提供300万元开证保证金占合同金额19.6%,大大降低了中达公司的融资风险,同时追加每天1000元验收逾期违约金可以迫使华臣公司加快完成设备验收,为中达公司的安全、及时收款提供了保障,也保障了安盾公司的正常使用。

# 六、产品渠道商运用进口代理商的授信资源开展进口货物电子商务和市场销售业务分析

## 【融资模式】

进口商品国内总代理商或区域代理商和电子商务机构作为产品渠道商在产品销售过程中,为扩大销售业绩,抢占市场份额,增强市场竞争力,往往会遇到资金瓶颈,有设想也无法完全付诸行动。通过与有实力的外贸公司合作,运用外贸公司的银行授信和金融资源,就完全可以解决进口货物相关的资金缺口和融资难题。采用这种模式,产品渠道商只需使用少量的自有资金,依托外贸公司的融资支持将进口产品迅速推入市场,如期实现产品的市场销售,及时回笼资金。

在实务操作中,外贸公司(进口代理商)为产品渠道商提供进口货物相关融资及市场销售服务的运作模式如图 4-12 所示:

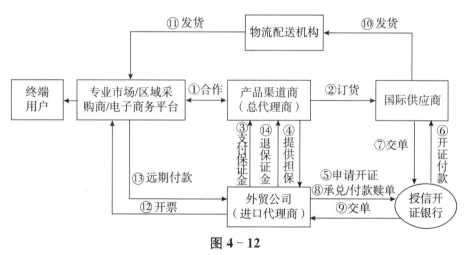

**图 4-12**

上述模式涉及 7 个合作单位,虽然资金流、物流及法律关系比较复杂,关联单位多,但从中可以理出 3 条业务线:

(1)第一条业务线是市场销售线,即产品渠道商开展市场营销所建立的销售网络,与各区域的专业经销机构和终端用户对接,以实现进口产品的最终销售和资金回笼。

(2)第二条业务线是中央调配线,即由国内产品渠道商(总代理商)与外贸公司对接,签订合作协议,由产品渠道商(总代理商)向外贸公司支付一定比例的开立进口信用证保证金,并提供付款担保;并安排外贸公司与国内专业市场/区域采购商/电子商务平台签订买卖合同。

(3)第三条业务线就是进口代理操作线,即与产品渠道商指定的国外产品供应商与外贸公司签订进口合同,并通过外贸公司授信银行向国外产品供应商开立即期或远期信用证;国外产品供应商收到信用证后,按信用证上的要求将产品按时发运,外贸公司收到开证行的议付单据后付款或承兑赎单。产品报关后发给国内产品渠道商指定的物流配送机构,再发往专业市场/区域采购商/电子商务平台;最后销售给最终用户。外贸公司收到专业市场/区域采购商/电子商务平台的货款后,将已收取的开证保证金退还给国内产品渠道商。

### 【运用过程】

2014年9月,杭州华鳌科技有限公司(以下简称华鳌公司)和美国某婴儿用品公司洽谈业务合作。华鳌公司希望成为该公司婴儿用品的中国总代理商。由于华鳌公司自有资金缺乏,无法与美国公司直接采购。华鳌公司便寻求一家外贸公司合作,利用外贸公司的授信条件共同开展该项业务。

该外贸公司考察和评估了华鳌公司基本情况和业务构架后,决定与其合作,双方签署了合作协议书。主要合作事项如下:

(一)合作内容

(1)外贸公司给予华鳌公司最高额人民币1000万元的融资敞口额度支持,融资品种为开立国际信用证(最长期限不超过60天)。

(2)华鳌公司根据自身订单需要,每月向外贸公司申报进口采购计划和国内销售计划,外贸公司根据华鳌公司提供的资料开立国际信用证,开证保证金按30%向华鳌公司收取。外贸公司的国际信用证开给华鳌公司指定的美国某婴儿用品公司,该信用证项下的货款由华鳌公司负责向专业市场/区域采购商/电子商务平台催收后在60天内向外贸公司付清。

(3)上述开证保证金专用于代理进口,外贸公司保证专款专用,华鳌公司向外贸公司提供远期信用证到期付款的担保。

(4)外贸公司负责办理进口所需的相关证件,华鳌公司需提供相关资料并协助外贸公司办证。

(5)外贸公司完成进口报关后将货物直接发往华鳌公司指定单位,并签发收货证明。

(二)融资费用的收取方式

(1)计费基数:开证金额扣除开证保证金后的余额,外币汇率按开证日的银行现汇卖出价折成人民币计算。

(2)计费日的界定:开证之日起至远期信用证到期之日止。

(3)费率:按年5%计算。

(4)远期信用证到期逾期付款的,则每逾期一天按万分之五计付逾期违约金。

(5)进口关税、进口增值税、清关费、运费、保险费、商检费等由华鳌公司指定的专业市场/区域采购商/电子商务平台承担。

(6)开证手续费、远期信用证承兑费由外贸公司承担。

(三)保证措施

华鳌公司用30%股权为上述融资事项提供担保,股权质押给外贸公司。

2014年10月外贸公司与美国某婴儿用品公司签订进口合同(总金额193万美元),同时与华鳌公司指定的区域采购商签订了委托代理进口协议。外贸公司在收到华鳌公司30%开证保证金计人民币360万元后,通过其开证行向华鳌公司指定的美国公司开出了193万美元60天远期信用证;美国公司收到信用证后装船发运。外贸公司收到装运单据后办理了承兑赎单及进口报关,将货物发给华鳌公司指定区域采购商。在远期信用证承兑到期前,区域采购商将货款全额支付给外贸公司,由外贸公司退360万元保证金给华鳌公司。

华鳌公司利用外贸公司开证条件,只需支付30%的开证保证金和进口关增税费就可运作193万美元货物的市场销售,与自营进口相比,省了不少财务费用,对比如表4-8所示(假设资金利率按年7%计算,货物销售资金回笼按2个月计算,美元汇率按6.15计):

**表4-8 华鳌公司委托代理进口和自营进口对比**

| 直接自营进口财务成本 | 委托代理进口财务成本 |
| --- | --- |
| 采购资金成本:$193 \times 6.15 \times 7\% \times 2/12 = 13.85$ 万元<br>(不考虑装运期、交单期) | 保证金资金成本:$360 \times 7\% \times 2/12 = 4.2$ 万元(不考虑装运期、交单期)<br>应付外贸公司的融资费用:$193 \times 6.15 \times 70\% \times 5\% \times 2/12 = 6.92$ 万元 |
| 小计:13.85 万元 | 小计:11.12 万元 |

可见,利用外贸公司开立60天远期信用证,华鳌公司可节省2.73万元财务费

用。更重要的是,华鳌公司减少资金投入 $193×6.15×70\%=830.87$ 万元,大大缓解了资金压力。

**【操作提示】**

进口产品推入国内市场如果不利用即期或远期信用证的支付工具,将会增加财务压力和费用,对于自身融资能力差、自有资金不足的产品渠道商(总代理商或区域分销商)来说,可以与有实力的、有授信资源的进口代理商合作,共同开展市场营销工作,快速扩大销售额。在运作这种合作模式时,都要相互了解、评估对方的合作条件及履约能力,重点把握以下几个方面:

(1)作为产品渠道商要寻求开证条件好、授信充分、专业能力强的进口代理商作为合作对象,并根据市场销售单位货款回笼的时间来确定开立远期信用证的远期天数,只要货款回笼时间在远期信用证到期之前即可。如果外贸公司的授信条件好,且国外产品供应商可以接受更长期限的远期信用证(如 90~180 天),则产品渠道商的资金压力更轻,或者可以实现资金周转 2 次以上,销售规模和利润将翻倍。

(2)产品渠道商在委托开证前,必须与国外供应商、物流配送机构、区域分销商(或专业市场/电商)建立好合作关系网络,签订好合作协议,明确付款时间、交货时间、交付价格、质量保证等事项。

(3)作为进口代理商要把握好开证、交货的敞口风险。在开证前,必须了解、考察并评估产品渠道商、区域分销商的付款能力、担保能力及市场网络的建设情况、运行情况,对于风险敞口较大的进口代理业务,必须提供有足够担保能力的第三方担保,并提高委托方的违约成本。

(4)电子商务公司在具备一定规模和经济实力后,也可以直接与外贸公司合作开展电子商务工作,合作关系更为简化,运作效率更高,如图 4-13 所示:

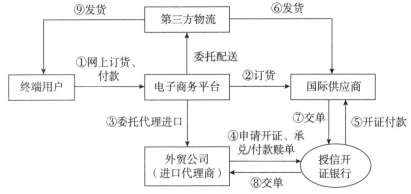

**图 4-13　电子商务公司直接与外贸公司合作**

# 第五篇

# 融资成本控制与融资
# 方式综合运用

　　融资是企业经营活动中必不可少的,但它是一把双刃剑,过度融资会让企业陷入困境,因此,融资成本显得至关重要。很多企业由于融资方式和融资结构不合理,很大部分的经营利润被融资成本给稀释了。为了更好地控制融资成本,经营主体应当根据业务特点、合作对方的优势,分析选择适合的融资方式并综合运用,在获得融资的同时降低融资成本。融资除了考虑成本因素,还要考虑汇率风险和交易风险,综合分析、预判融资过程中的各种风险因素并加以防范。

　　本篇列举了进口贸易中汇率操作、国际信用证的即(远)期转换、进料加工贸易复出口融资、"以出抵进"等融资方式的综合运用案例,并提出了如何降低融资成本和风险的对策。

# 一、采用不同币种进口付汇的融资成本和汇率风险分析

## 【金融模式】

远期外汇锁定是指交易双方在成交后并不立即办理交割,而是事先约定币种、金额、汇率、交割时间等交易条件,到期才进行实际交割的外汇交易。在国际汇率变化莫测的情况下,进口货物贸易适时运用远期外汇锁定可以起到防范或化解汇率风险的作用。

进口押汇是开证行给予进口商(开证申请人)的一项短期融资措施,即开证申请人在银行开出的信用证在单证相符须对外承担付款责任时,由于企业临时资金周转困难而向银行申请并获得批准后,由银行在对开证申请人保留追索权和货权质押的前提下代为垫付款项给国外银行或出口商,并在规定期限内由开证申请人偿还银行押汇贷款及利息的融资业务。海外代付则是由银行境内分行指示海外银行代开证申请人在信用证结算方式下支付进口款项所提供的短期融资方式。

远期信用证在进口贸易交易中是一种融资时间长、成本低、容易谈判的融资手段,可以降低进口成本。通常只要国外供应商能接受,进口商的开证银行有开立远期信用证的授信额度,进口商则普遍要求采用的支付工具。

进口商或最终用户在选购进口设备时,要根据不同供应商提供的设备作性价对比,同时,在对进口交易币种的选择、远期外汇锁定以及使用进口押汇后的采购成本进行综合分析比较以后,才能作出设备供应商的选择、支付方式的选择以及交易币种的选择。如果选择得当,进口商不但可以规避进口交易的汇率风险,还可降低进口财务费用。

## 【运用过程】

2013 年 3 月,浙江庆祥纺织有限公司(以下简称庆祥公司)计划进口 20 台喷气织机用于扩大公司产能,经过与两家国外供应商洽谈,3 月 6 日供应商给出的设备报价与支付条件如表 5-1 所示:

进口贸易金融多元模式

表 5 - 1　供应商的报价和支付条件

| 设备供应商名称 | 设备型号 | 设备单价(CIF 上海) | 付款方式 |
|---|---|---|---|
| 德国道依尔公司 | AKD—32 | 欧元 22.4 万/台<br>(或美元 30.11 万/台) | 即期信用证或<br>90 天远期信用证 |
| 日本春光公司 | JY—632 | 日元 2701 万/台 | 即期信用证或<br>90 天远期信用证 |

　　德国道依尔公司 AKD—32 机型与日本春光公司 JY—632 机型在机器性能、技术参数、售后服务上都能满足庆祥公司的使用要求,庆祥公司从财务成本角度对机型选择分析如表 5—2 所示:

表 5 - 2　庆祥公司财务成本分析

| 机　型 | 结算币种 | 合同总价 | 3月6日汇率 | 折人民币(万元) |
|---|---|---|---|---|
| 道依尔<br>AKD—32 | 欧元 | 22.4 万元×20 台=448 万元 | 8.2 | 3673.6 |
| 道依尔<br>AKD—32 | 美元 | 30.11 万元×20 台=602.2 万元 | 6.14 | 3697.508 |
| 春光 JY632 | 日元 | 2701 万元×20 台=54020 万元 | 0.068 | 3673.36 |

　　如表 5—2 所示分析,庆祥公司选择日本春光公司 JY632 机型总价最低。然而庆祥公司向银行申请采购设备配套的流动资金贷款审批预计在 2 个月后到位,因此,庆祥公司选择 90 天远期信用证付款方式。庆祥公司根据向银行询价后得到的远期外汇汇率如表 5—3 所示:

表5-3　庆祥公司询价后运期外汇汇率

| 机　型 | 结算币种 | 合同总价（万元） | 6月21日远期汇率 | 折人民币（万元） |
|---|---|---|---|---|
| 道依尔 AKD-32 | 欧元 | 448 | 8.23 | 3687.04 |
| 道依尔 AKD-32 | 美元 | 602.2 | 6.12 | 3685.464 |
| 春光 JY632 | 日元 | 54020 | 0.069 | 3727.38 |

可见,银行对外汇汇率的走势认为3月6日后的3个月中,欧元兑人民币走高,而美元兑人民币走低,日元相对平稳,略会走高。根据3个月后外汇交割时最终结算人民币价格,庆祥公司应选择以美元为结算币种的德国道依尔公司AKD-32机型进口成本最低。

3月6日,庆祥公司与德国道依尔公司签署了购买20台喷气织机的进口合同,合同总金额602.2万美元。根据合同约定:"买方在合同签订后3天内通过买方银行开出100%合同金额的不可撤销90天远期信用证,卖方在收到信用证后的15天内发货。"3月8日庆祥公司通过建设银行开出远期信用证,德国道依尔公司收到信用证后在3月12日按约发货,3月21日庆祥公司收到银行信用证单据,且单据没有不符点,庆祥公司在3月28日向建设银行对该笔90天远期信用证作了远期承兑付款手续,信用证到期付汇日为6月28日。

6月中旬,银行告知庆祥公司由于银行贷款规模紧张,庆祥公司申请的流动资金贷款预计要推迟到8月中旬才能放款,而临近6月28日建设银行通知庆祥公司要支付602.2万美元。于是庆祥公司想利用进口信用证短期融资产品(如海外代付)来缓解公司资金压力,同时预测未来3个月美元兑人民币汇率将进一步走低,分析如下:

(1)如果6月28日美元兑人民币汇率为6.119,庆祥公司选择按时赎单,需支付人民币为:美元602.2万×6.119=3684.8618万元;

(2)如果6月28日庆祥公司向建设银行申请该信用证项下的3个月海外代付融资,由银行代为支付赎单款,同时,庆祥公司在当天对该笔海外代付融资业务配套做一笔远期汇率锁定,锁定9月28日美元兑人民币海外代付归还日的汇率为

6.09,则9月28日海外代付到期日庆祥公司需归还银行海外代付本金为:美元602.2万×6.09＝3667.398万元,需支付海外代付利息为(假设银行贷款的年利率为4%):美元602.2万×4%×3/12×6.09＝36.67398万元。

根据以上分析,通过3个月海外代付的短期融资操作,庆祥公司虽然比6月28日按时赎单增加了成本:

3667.398＋36.67398−3684.8618＝19.21018万元

但庆祥公司缓解了短期资金压力,解决了银行流动资金贷款无法在6月28日前按时到位的实际问题,多支出的19.21018万元折算成融资成本相当于2.086%年利率,相比人民币流动资金贷款年利息约7%成本划算多了。庆祥公司综合运用了融资产品、外汇锁定以及币种比选,不仅及时赎单付汇,还降低了进口成本,规避了进口风险,可谓一举多得。

## 【操作提示】

进口业务开立远期信用证、远期外汇锁定、进口押汇(海外代付)等产品的组合运用是一个复杂多变的体系,要根据不同的贸易背景、汇率走势、设备性价比、企业的要求以及授信条件等诸多因素综合考虑、组合运用才能发挥各自的效用,进口商在操作时要注意以下问题:

(1)进口商应首先取得银行足够的授信额度,且授信品种应有即期信用证、远期信用证(30天、60天、90天、180天、360天等)、进口押汇(海外代付)、远期外汇锁定资金交易额度等贸易品种。180天以上远期信用证额度视开证银行的外债额度情况而定。

(2)通常银行远期外汇锁定还应交纳一定比例的锁汇保证金(具体保证金比例由银行定),远期外汇锁定的价格由银行实时报价确定。

(3)进口押汇(或海外代付)的利息成本,开证银行根据LIBOR利率＋银行加收的点数计算融资利息。

(4)进口商应根据自身需求及供应商的机型、报价情况进行不同币种的财务成本分析,选定合适的远期外汇锁定价格和贸易融资时间,综合分析对比后再运用,以达到最佳进口融资效果。

(5)进口商应密切关注不同币种的外汇汇率走势,作出准确的分析、判断。在人民币对某种外币持续升值的状态下,不宜作远期外汇锁定,以享受人民币升值带来的汇率收益,但对于汇率波动大的外汇币种,建议根据实时情况进行汇率锁定,以控制汇率风险。

# 二、电汇延期付汇转换即期信用证的融资业务分析

## 【金融模式】

在进口货物贸易实务中,电汇延期付汇方式(即后 T/T)是进口商最希望采用的一种支付工具,一是进口商无经营风险,交易处于主动地位,二是可大大缓解进口商的资金压力,减少进口财务费用。这种付款方式一般情况下很难被外商(供应商)所接受,当进口商(买方)没有财力及时付清全款或无法开立远期信用证(L/C)而外商不接受后 T/T 支付方式时,买卖双方的直接交易就难以成功。在这种情况下,有些外商寻求第三方(或第三国)金融服务商的融资功能来满足买卖双方的要求,以促进国际货物的交易(如图 5-1 所示)。

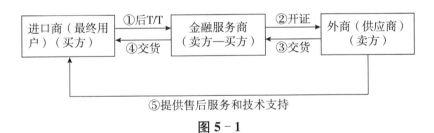

图 5-1

## 【运用过程】

2012 年 6 月,浙江依依服饰有限公司(以下简称 A 公司)为扩大产能,拟向德国 ST 公司(以下简称 B 公司)进口 40 台电脑提花横机。合同总价为 240 万美元,其中 30％合同金额为预付款,在合同签订后 5 天内支付,剩余 70％合同金额通过即期信用证方式支付。A 公司因无能力付清全款,向 B 公司提出更改支付方式要求,将剩余 70％合同金额的货款在货到后分 3 年 3 期付清。B 公司不接受这种付款方式,便委托一家香港金融服务公司(以下简称 C 公司)作为中间商来促成这笔交易。经三方协商一致,A 公司与 C 公司的合同成交价提高至 250 万美元,其中 30％合同金额作为预付款在合同签订后 5 天内支付,剩余 70％合同金额分 3 年支付,到货后 12 个

月内支付 58.3 万美元,到货后 24 个月内支付 58.3 万美元,余款 58.4 万美元在到货后 36 个月内支付。后 T/T 支付方式转换信用证以后的三者支付结构如图 5—2 所示:

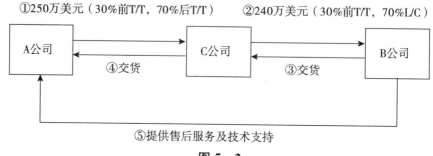

**图 5－2**

可见,A 公司仅用了合同总价 30％资金(75 万美元)购进了全部设备,投入生产产生效益,不但大大缓解了资金压力,而且采用后 T/T 将风险转嫁到 C 公司上,而 C 公司因此创造了 10 万美元的经营差价。

如果 A 公司不采用上述第三方金融服务商的中间服务,直接向银行申请贷款来支付 70％货款(即 240 万美元×70％＝168 万美元),则 A 公司需支付贷款利息(按年利率 7％计算)为:(168 万美元＋112 万美元＋56 万美元)×7％＝23.52 万美元,超过合同提价 10 万美元的成本。因此,A 公司采用上述融资方案后可节省进口资金 23.52－10＝13.52 万美元。

对于供应商 B 公司来说,在发货前收到了由 C 公司支付的 30％合同金额预付款,在发货交单后,拿到 70％合同货款,顺利地完成了产品出口。

对于香港 C 公司来说,通过自己的融资平台进行买卖交易,赚取了 10 万美元差价,扣除相关融资成本(香港美元贷款年利率约 2％)以及银行手续费用,可获净利润在 3.28 万美元左右。

风险转嫁给 C 公司以后,C 公司采取了以下措施:

(1)派出商务代表或区域代理商对 A 公司进行实地考察,查看 A 公司的生产规模、经济效益、市场销售、企业资信、财务报表以及法人代表情况,不定期去工厂检查企业生产情况,掌握企业动态。

(2)在进口合同中约定:“在买方未付清货款之前,卖方保留货物所有权,在买方付清货款后,买方才拥有设备所有权。”

(3)B 公司在设备中设置遥控解码器由 C 公司负责遥控解码。若 A 公司不按时付款即可停止设备运行。

(4)要求 A 公司追加法人代表夫妇或其他第三方有实力的企业担保,担保方的偿还能力原则上要大于后 T/T 总额。

最后,A 公司与 C 公司签订了《进口合同》,B 公司与 C 公司签订了《销售合同》,并顺利地履约了合同,实现了后 T/T 延期付汇转换为即期信用证的融资功能,三方共赢。

## 【操作提示】

后 T/T 付汇业务是进口商风险最小、成本最低、手续最方便的融资工具,但在实务操作中,受到很多因素的限制,如外债指标不够、卖方不接受、担保能力不足、寻找中间融资服务商较难等。进口商在运用这种融资方式之前,应重点关注以下事项:

(1)后 T/T 延期付汇业务,在签订合同前要到当地外汇管理局申请外债额度。外债是指直接从国外筹借并需以外国货币承担的具有契约性偿还义务的全部债务,根据国家外汇管理局外债登记实施细则规定,国外出口商向国内进口企业提供进口货物入境 3 个月以后,进口企业才对外支付货款的延期付款属于外债,需要向外汇管理局申请外债额度。如果最终用户没有外债额度,则可以委托进口代理公司代理进口。

(2)买方应分析后 T/T 付汇带来的汇率波动风险。延期付汇时间长达三年,期间的汇率波动对买方的影响比较大。以下是 2010－2013 年期间,美元、欧元、日元三种货币对人民币的汇率走势图(如图 5－3 所示):

### 2010－2013 年 USD/CNY 汇率走势图

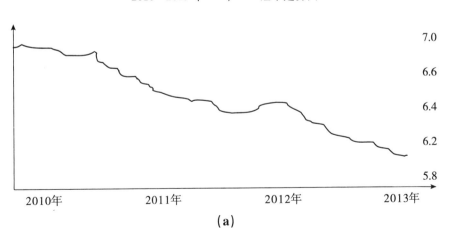

(a)

**2010—2013 年 EUR/CNY 汇率走势图**

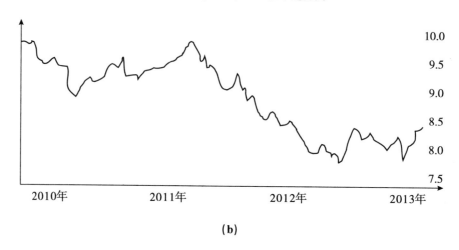

(b)

**2010—2013 年 JPY/CNY 汇率走势图**

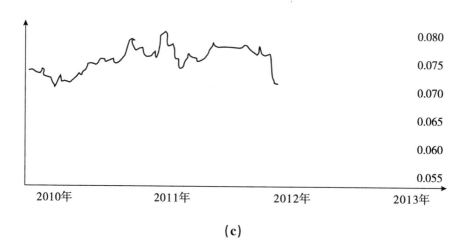

(c)

**图 5 - 3　美元、欧元、日元对人民币汇率走势图**

近三年美元兑人民币的汇率呈稳定下滑趋势,后 T/T 付款币种选择美元最佳,买方不仅可获得资金融通,还因美元汇率走低而节省较大的进口成本。

欧元和日元兑人民币汇率虽然总体下滑,但在一定周期内波动明显,买方采用后 T/T 需承担一定的汇率风险。买方也可向银行申请远期汇率锁定来降低汇率变动风险。

(3)卖方也应规避经营风险。在国际贸易中,延期或分期付汇的后 T/T 业务大部分卖方不愿意接受,但为了促成销售,一些卖方采用转换付汇方式来操作。要解决好风险规避的问题,卖方主要在调查企业情况、控制好货权、落实能提供融资平台的服务商、锁定设备运行以及买方提供可靠担保等方面,必须考虑周全。

# 三、进口贸易最终用户电汇支付方式改为即期信用证方式的融资成本分析

## 【金融模式】

在进口贸易的操作过程中,买卖双方在进口合同谈判时经常会遇到有关支付方式的选择。通常买方会根据自身的实力、授信条件以及卖方的要求来选择运用电汇或者开立信用证作为支付方式。

T/T(Telegraphic Transfer)电汇是指汇出行应汇款人申请,拍发加押电报\电传或 SWIFT 给在另一国家的分行或代理行(即汇入行)指示解付一定金额给收款人的一种汇款方式。这种方式对于进口方来说,不仅占用资金时间长,而且采购货物的风险很大,对于出口方来说先回笼货款再发货是最有利的一种结算方式。

即期付款信用证(Sight Payment L/C)是指采用即期兑现方式的信用证,受益人一般不需要开立汇票,开证行或付款行只凭全套合格的货运单据付款。这种信用证使出口方在货物发运后较快地收回货款,是国际贸易中最常见的一种信用证。其特点是受益人收汇安全,有利于资金周转,对于进口方来说,可减少资金占压,降低资金成本,安全收货。这种结算方式对双方都有利,比较公平。

为了降低进口资金成本,规避进口交易风险,最终用户(买方)如果没有银行授信条件来开立即期 L/C,可以委托一家能开立即期 L/C 的进口代理公司,将进口 T/T 付款方式改为即期 L/C 付款方式。

(1)最终用户(买方)自营进口以 T/T 方式支付,如图 5-4 所示:

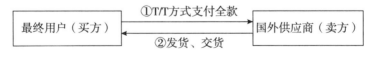

**图 5-4　自营进口以 T/T 方式支付**

(2)最终用户(买方)委托进口代理公司开立 L/C 方式支付,如图 5-5 所示:

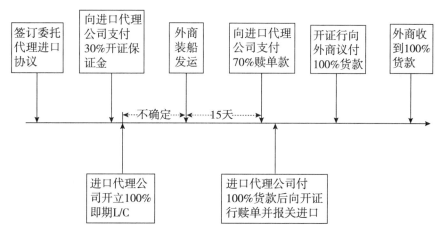

**图 5-5 委托进口代理公司开立 L/C 支付**

上述方式可见,最终用户 T/T 支付方式改为委托代理进口采用即期信用证付款方式后,最终用户只需向进口代理公司先支付 30% 货款(开证保证金),其余 70% 货款要等到开证行交单赎单时才支付给进口代理公司,大大缓解了最终用户资金压力,减少了财务费用,取得了进口代理公司的融资支持,而且降低了交货的风险。

**【运用过程】**

浙江晋鹏汽车发动机制造有限公司(以下简称晋鹏公司),为了扩大产量,决定从美国引进一条汽车发动机生产线,合同总金额 4580 万美元,美方要求晋鹏公司以 T/T 付款方式或 100% 即期 L/C 方式付款。由于晋鹏公司只有 30% 的自有资金,70% 向银行申请贷款解决,为保证美方尽快安排发动机生产线的生产,降低进口风险,决定采用即期 L/C 方式付款。于是委托了一家有实力、银行授信额度足够的进口代理公司(以下简称进口商)代理进口,经过与美方代表谈判,同意接受进口商的即期 L/C 支付方式。由于制造周期长达 10 个月,为降低进口财务费用,减少资金占压,晋鹏公司与进口商商定好开证保证金比例为开证金额的 20%,剩余 80% 货款在开证行到单议付时再支付给进口商。

若资金占用成本为年 6%,美元汇率按 6.1 折算,从付款日到货物进关日为 11 个月,委托进口代理费为 5‰,银行开证手续费为 1.5‰,T/T 付汇手续费为 2000 元,则最终用户 100% T/T 付款方式与委托代理进口开证方式的财务费用对比如表 5-4 所示:

表5-4　两种方式财务费用对比

| 付款方式 | 贷款资金占压成本 | 银行费用 | 进口代理费 | 合计（万元） |
|---|---|---|---|---|
| 自营进口100%T/T | $4580 \times 6.1 \times 6\%/12 \times 11 = 1536.59$ 万元 | 2000 元 | / | 1536.79 |
| 委托代理进口开立100%即期L/C | ①$20\% \times 4580 \times 6.1 \times 6\%/12 \times 11 = 307.318$ 万元<br>②$80\% \times 4580 \times 6.1 \times 6\%/12 \times 0.5 = 55.876$ 万元（装运后半个月付80%赎单款） | $4580 \times 6.1 \times 1.5‰ = 41.907$ 万元 | $4580 \times 6.1 \times 5‰ = 139.69$ 万元 | 544.791 |

可见，委托代理进口方式通过进口商的银行授信融资条件，为最终用户节省了资金占压成本（财务费用）为 1536.79－544.791＝992 万元。

## 【操作提示】

进口交易过程中采取何种支付方式，通常需要根据不同国家（地区）、供应商、授信条件、自有资金、货物情况等各种因素来综合分析。在选择 T/T 方式或即期 L/C 方式中，资金安全和经营风险是最重要的，其次是资金占用成本，再则要考虑银行费用、汇率变动及其他因素。对于进口代理商来说，要综合考虑如下以下问题：

(1)不同支付方式的成本与风险对比如表5-5所示：

表5-5　不同支付方式成本风险对比

| 支付方式 | 进口手续 | 银行收费 | 买方资金成本 | 买方交货风险 | 卖方交货收款风险 | 买方汇率风险 |
|---|---|---|---|---|---|---|
| T/T | 简单 | 少 | 最大 | 最大 | 最小 | / |
| L/C | 较复杂 | 多 | 较小 | 较小 | 较小 | 较大 |

(2)最终用户(买方)将 T/T 支付方式转换为委托代理进口项下的即期 L/C 支付方式,需要利用足够的银行授信条件方可开立 L/C,对于交货周期长、汇率波动大的 L/C 还需承担汇率变动等外汇风险。

(3)通过进口代理公司将 T/T 支付方式转换为即期 L/C 支付方式需要三方协商,涉及开证保证金比例、进口代理费、开证担保、交货条件以及商务、技术问题应由最终用户、进口代理商和外商充分协商一致,三方签订进口合同和委托进口代理协议。若支付方式转换为远期信用证付款,则更有利于最终用户节约财务费用,但进口代理商的风险大大地增加了。

# 四、"以出抵进"融资模式的运用

## 【金融模式】

企业在经营发展过程中,通过引进国际先进设备和技术来提高生产效率和产品质量,扩大生产能力,增强市场竞争力,但会遇到资金限制,无法付诸实施。"以出抵进"融资模式,可以帮助企业进行技术改造,当最终用户向外商进口设备一时无力支付货款时,可以与外商合作,将其生产的产品以免费或折价后出口给外商的方式来逐步抵偿进口设备货款。这种方式可以间接地实现进口融资。

在实务操作中,"以出抵进"有以下三种模式:

(1)在与外商协商同意采用此操作模式的前提下,分别与该外商签订设备进口合同和产品出口合同。在进口合同中约定设备货款在设备到货后分批支付,或以远期信用证延期付款方式支付。而出口合同中,约定外商以先 T/T 方式或见提单后支付货款。外商提供设备,企业缴纳进口关增税报关进口并投入生产。企业将产成品向该外商分批出口,并在出口收汇后,按合同约定向外商逐笔支付进口设备货款,直至进口设备货款付清为止。采用这种方法,既不影响企业正常出口退税和进口外汇核销,同时也实现了企业进口融资的需求。

(2)可采用加工贸易不作价设备操作模式。根据海关规定,对外资企业开展加工贸易的,若该加工贸易外商免费向生产企业提供加工设备,且不作价设备不属于《外商投资项目不予免税的进口商品目录》范围的,可以申请办理加工贸易不作价设备手册,享受进口设备免税政策。但前提是企业必须是外资企业,设备是外商免费提供,既不需生产企业付汇进口,也不需要以加工费或差价偿还。企业应设有独立专门从事加工贸易的工厂或车间,并且不作价设备仅限在该工厂或车间使用。如企业未设有独立专门的工厂或车间,则在加工贸易合同(协议)期限内,企业每年加工产品有 70% 以上出口。这种模式与上述第一种模式区别是设备由外方免费提供,不必用产品出口来抵偿设备价款,还可申请减免进口关税,对企业来说,投资成本更低。

(3)采用设备国际租赁模式,以租赁方式进口设备。企业可以直接向外商公司租赁设备,签订租赁协议,日后支付租金。这种模式企业所需缴纳的税款是租金总额×综合税率(同样计算进口关税和增值税);在设备进口时,企业需要向海关提供税款担保,担保金额应不低于该票货物以一般贸易方式进口的税款金额,可以用保证金或者银行保函作为担保。采用这种模式,操作相对比较灵活,不受加工贸易诸多条件的限制,而且按约定时间逐笔支付租金,企业资金压力比较轻。

三种操作模式的成本对比如表5-6所示(以进口设备100万美元为例,关税率10%,美元汇率6.1):

表5-6 三种操作模式的成本对比

| | 一般贸易进口 | 出口产品抵进口设备模式 | 不作价设备模式 | 设备租赁模式 |
|---|---|---|---|---|
| 进口设备货款 | 支付100万美元,约610万元人民币 | 支付100万美元,约610万元人民币 | 无需支付设备货款 | 以租金方式逐月支付 |
| 进口关增税 | 支付进口关增税,约175万元人民币 | 支付进口关增税,约175万元人民币 | 需支付进口增值税约103.7万元人民币,进口关税可申请减免 | 按租金的完税价格征关税增值税 |
| 资金占用情况 | 需投入约785万元人民币,资金成本最高 | 需支付175万元的税款,但进口设备货款可在收到外商支付的产品货款后再支付或抵扣货款,资金成本较低 | 仅需支付103.7万元增值税,资金成本最低 | 资金成本已转入租金,减轻资金压力,但总成本较高 |

## 【运用过程】

江苏盛嘉电子有限公司(以下简称盛嘉公司)系外资企业,2013年年末,经设备供应商介绍得知台湾某公司有数十台硅片切割抵债设备,八九成新,目前搁置不用,盛嘉公司考虑进口该批设备,但一时资金紧张,购买设备计划无法实施。盛嘉公司与台湾公司协商以后决定采用加工贸易模式,且盛嘉公司可以满足加工贸易不作价设备的相关政策要求。盛嘉公司在办妥进口二手设备预商检手续后,凭当地商务主管部门批准的加工贸易合同(协议)和批准件以及《加工贸易不作价设备申请备案清单》到属地主管海关办理合同备案申请手续。海关根据上述资料,并对照《外商投资项目不予免税的进口商品目录》审核准予备案后,核发登记手册。盛嘉公司凭手册办理进口设备报关手续,在缴纳进口增值税后完成设备通关并投入生产,所生产出的硅片以优惠的价格卖给台湾公司。

这种方式企业免费使用该设备,不仅大大减轻了投资成本和进口费用,而且在海关5年监管期满后,企业可申请解除监管,继续留用该设备。

## 【操作提示】

通过与外商的合作,可以间接地实现进口贸易的融资目的。生产企业(最终用户)在开展此类方式融资时,应注意以下问题:

(1)"以出抵进"三种操作模式,对外商来说存在一定的经营风险。如果发生设备灭失或企业破产,外商资产会遭到损失。因此,外商或最终用户通过投保财产险或采取其他保证措施来规避风险。

(2)"以出抵进"模式可以为避免进口付汇和出口收汇间造成汇差损失和银行手续费,但事先应向属地外汇管理部门和国税部门报备,确定操作可行性,避免影响进口外汇核销和出口退税。

(3)用出口产品来抵进口设备货款,虽然一时不用支付货款,减少进口成本,但需承担进口关增税,而符合加工货物不作价设备相关政策的,却可免征进口关税,且不用对外支付货款,三种模式各有利弊。

# 五、进料加工保税复出口业务综合金融工具运用

## 【金融模式】

　　生产企业或进出口企业在开展进料加工复出口业务中,遇到资金周转困难或融资成本高时,可以运用进口金融工具(如即期信用证、远期信用证、即(远)期信用证进口押汇、国内信用证等)来解决采购资金,企业只需提供一部分启动资金,通过银行授信的杠杆作用,就可以撬动整个进料加工复出口业务。主要金融工具有:

　　(1)即期信用证,指开证行或付款行收到符合信用证条款的跟单汇票或装运单据后,立即履行付款义务的信用证。即期信用证下,受益人一般不需要开立汇票,开证行或付款行只凭全套合格的货运单据付款。这种信用证使出口方能够迅速收回货款,是国际贸易中最常用的一种信用证。其特点是受益人收汇安全迅速,有利于资金周转。

　　(2)进口信用证押汇,指开证行在收到信用证项下单据并经审核无误后,应开证申请人要求,凭其出具的信托收据以信用证项下进口货物为质押物或提供担保前提下,解决该款项临时资金周转,由银行先行代为对外付款并放单,提供的短期资金融通。

　　(3)国内信用证,指开证银行依照申请人(购货方)的申请向受益人(销货方)开出的有一定金额、在一定期限内凭信用证规定的单据支付货款的书面承诺。国内信用证为不可撤销、不可转让的跟单信用证,即信用证开具后在有效期内,非经信用证各有关当事人(即开证银行、开证申请人和受益人)的同意,开证银行不得修改或者撤销信用证,受益人也不能将信用证的权利转让给他人。业务操作结构如图5-6所示:

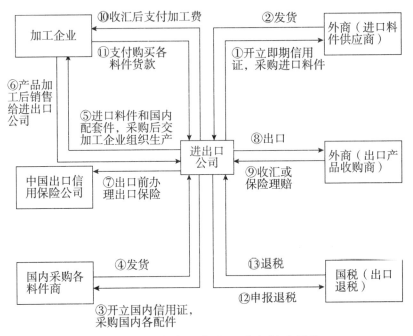

图 5-6　进料加工复出口业务综合融资

【运用过程】

浙江天一电动车有限公司(以下简称天一公司)为专业生产销售老年代步车、高尔夫球车、电动自行车、各类电动车等产品的民营企业,产品主要销往中东、东南亚、欧美等地区。其产品质量好、价格有竞争优势,近年来外贸订单不断增长,国内销售也随着人口结构老龄化和老年人购买力提高等因素年年增长。天一公司为了抢占市场,近年来不断扩大经营规模,分别在山东省、安徽省等地新建生产基地,大部分资金投入项目建设中,一时无法满足源源不断的国内外销售订单需求。

浙江华山进出口有限公司(以下简称华山公司)得知后到天一公司调研、评估、审计,同意给予天一公司敞口人民币5000万元合作融资总额,品种有即期信用证、进口信用证押汇、国内信用证等,为天一公司开展进口料件加工复出口业务提供间接融资方案。

以出口一单100万美元老年代步车为例,其进口料件占整车原材料采购比例约30%,国内配套件占整车原材料采购比例约60%,采购、加工、出货装运周期为3个月,出口后1个月内可以全部收汇,华山公司在收汇后2个月内完成出口退税。按照进料加工复出口业务操作结构图的流程,华山公司展开如下工作:

(1)华山公司在收到天一公司20%开证保证金或开证指令(按约定)后向天一

公司指定的国外供应商开立 30 万美元的即期信用证用于进口关键部件,国外供应商在收到即期信用证后发货,由华山公司完成清关、报关、保税进口(海关进口关增税由华山公司向海关办理进口复出口保证金台账手册)等手续。华山公司在信用证赎单日时,再向银行申办 3 个月进口信用证押汇。

(2)华山公司向天一公司指定的国内配套件供货商开立等值 60 万美元的 4 个月国内信用证。国内各供货商在收到国内信用证后即发货给天一公司。

(3)华山公司与天一公司签订销售合同,华山公司将进口料件和国内配套件销售给天一公司,并要求天一公司在 4 个月内付款。

(4)天一公司在收到华山公司发来的进口部件和国内配套件后即组织生产、调试、装运,将合格产品销售给华山公司。

(5)华山公司完成出口交货、质量验收、出口报关及收汇(或出口短期信用保险理赔)。

(6)华山公司收汇后按合同约定扣除采购进口部件和国内配套件货款后支付加工费给天一公司。

(7)华山公司向当地国税部门申请办理出口退税。

综上所述,华山公司利用自身的授信优势为天一公司解决生产资金,保证了天一公司出口订单的顺利完成,获得了贸易机会和收益;天一公司利用华山公司的融资平台,扩大了出口业务,实现了合作双方共赢。

## 【操作提示】

(1)加工贸易业务全过程是接受海关监管的,企业须先经海关审批并办理相关的保税手续后才能操作。企业在办理加工贸易保证金手册备案时要如实向海关申报(包括进口料件和出口成品的价格、数量、相关单耗等),体现在加工贸易手册中,以便海关给予办理保证金手册核销。

(2)加工企业不可擅自将海关监管的进口料件搬离海关监管地,加工企业要明确监管区域,把保税进口料件和其他非保税进口料件区分开来,派专人管理,专项管理,便于清点和结算。

(3)采用付款交单(D/P),承兑交单(D/A),赊账(OA)等一切以商业信用付款条件产品全部或部分在中国制造(军品除外),信用期不超过 180 天的出口项目,均可投保短期出口信用保险。只要产品质量没有纠纷,出口保险理赔能达到出口货值的 90%左右,以降低收汇风险。

(4)如果国外供应商可以接受 90～180 天远期信用证,且进口商银行授信有条件的,可采用远期信用证支付方式来进口关键部件,大大减轻进口商或加工企业的资金压力和财务费用,有利于扩大进料加工复出口业务的合作规模。

# 六、自营进出口模式下的进料加工复出口融资业务财务分析

## 【金融模式】

海关加工贸易保税管理制度规定:海关对境内企业承接境外商人提供的全部或部分料件,或直接从境外购进料件,在海关规定的期限内将进口料件加工装配为成品后再运出境的过程进行监管,境内企业进口的料件,无论是用外汇购买还是由外商提供,经海关批准后均可暂缓征收进口关税和进口环节增值税,海关根据出口成品实际耗用的进口料件数量,免收进口关税和进口环节增值税,对不出口或因故需要转为内销的成品所耗用的进口料件数量,补征进口关税和进口环节增值税。

远期信用证已成为进口贸易重要的结算方式之一,是进口商融通资金最直接、成本最低的方式,进口商采用这种远期付款方式来开展进料加工复出口业务,通过银行授信的杠杆作用,可大大降低自有资金比例,节省财务费用,只要授信条件好,可以扩大进料加工复出口的业务规模,降低生产成本,提高经济效益。

进料加工复出口业务不使用融资工具的操作流程如图5-7所示:

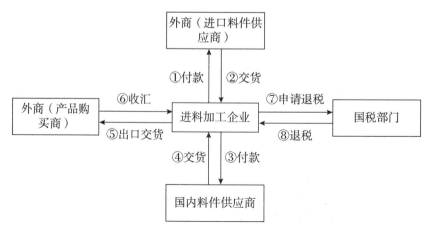

**图5-7　不使用融资工具的进料加工复出口业务**

如果使用融资工具,则进料加工复出口业务流程如图5-8所示:

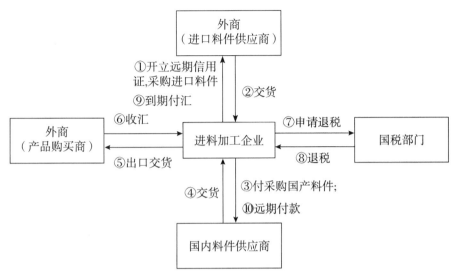

**图 5-8 使用融资工具的进料加工复出口业务**

操作上述业务流程必须满足以下四个基本条件:

(1)进料加工企业向银行申请开立 3～6 个月远期 L/C 时有足够的授信规模,且以零保证金或小额保证金开证。

(2)进口料件供应商可以接受上述远期 L/C 支付方式。

(3)国内料件供应商可以接受远期付款的支付方式,否则,进料加工企业应备有采购资金,现款采购。

(4)国外产品购买商给予及时付款或开来即期 L/C,以便做福费廷买断业务,整个进料加工复出口到收款时间应安排在进料开立的远期 L/C 到期付汇之前。

**【运用过程】**

江苏泰山电动车业有限公司(以下简称泰山公司)成立于 2013 年 9 月,注册资金 1000 万元,公司在 10 月份广州交易会上签下一批高尔夫球车的出口订单,合同总价 180 万美元(共 1000 辆,1800 美元/辆)。合同约定:在出口合同签订后 60 天内完成加工装配并装运出口报关,外商支付方式为提单日后的 30 天内付款。由于外商对于高尔夫球车上配备的控制器和电池要求从台湾 AB 公司进口,进口料件需支付 63 万美元,余下配套件由泰山公司向江苏新奥车业配件有限公司(以下简称新奥公司)用现金采购,合同金额 335 万元。

由于泰山公司刚成立,没有银行授信,只能采用先 T/T 付款方式进口料件,与新奥公司也是第一次开展采购业务,新奥公司要求带款提货,只接受现金方式支付。这样一来,泰山公司只能自筹资金垫款来操作这单进料加工复出口业务,资金的收付时间轴如图5-9所示:

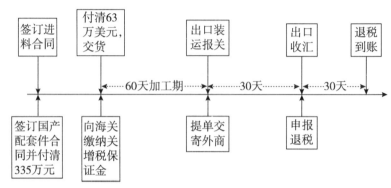

**图5-9　资金收付时间轴**

假设自筹资金垫款采购的财务成本按年10%计息,进口的控制器和电池的进口关税平均税率为10%,2013年9月30日进料付汇的美元汇率为6.13,2014年2月5日收汇的美元结汇汇率为6.05,生产加工成本为250万元,产品出口退税率为17%,则泰山公司操作这单业务的利润计算如下:

(1)收入:①收汇=180万美元×6.05=1089万元;

②退税=335万元/1.17×17%=48.675万元。

两项小计:1137.675万元。

(2)支出:①采购国产配件货款:335万元;

②进口料件付汇:63万美元×6.13=386.19万元;

③生产加工成本:250万元(不计利息);

④进料垫资利息:386.19×90天/360天×10%=9.655万元;

⑤采购国产配件垫资利息:335×90天/360天×10%=8.375万元;

⑥进料向海关缴纳管关增税保证金的利息:386.19×(1.1×1.17-1)×10%×60天/360天=1.847万元;

⑦退税款30天到账的资金利息
　　　　　=48.675×30天/360天×10%=0.406万元

以上小计:991.473万元。

(3)利润=收入-支出=1137.675-991.473=146.202万元。

泰山公司经过上述操作,虽然获得了146.202万元利润,但付出了不少财务费用(四项利息合计20.283万元),且必须筹集大笔资金包括需向海关缴纳的关增税保证金(389.19×28.7%＝111.698万元)共计需要：

①＋②＋③＋④＋⑤＋⑥＋111.698＝1102.766万元。

该笔业务结束后,泰山做了以下四项工作：

(1)与开户银行做了人民币敞口2000万元的综合授信,其中可开立零保证金项下的90天远期L/C,可开立50%保证金项下的6个月银行承兑汇票,可开立零保证金项下的关增税银行保函。

(2)向属地海关申请办理了以银行保函方式开展进料加工复出口业务手续。

(3)与进料加工的国外供应商AB公司谈妥了可以使用90天远期信用证的结算方式付汇。

(4)与新奥公司谈妥了采用银行承兑汇票方式支付国产配件的货款。

泰山公司上批次出口的高尔夫球车产品质量得到了外商的认可,又下达了同样的出口订单,此次进料加工复出口的融资业务操作及资金收付时间轴如图5－10所示：

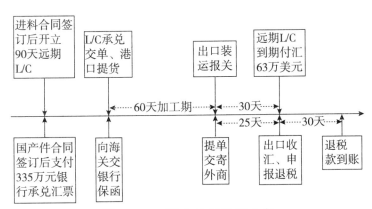

**图5－10　泰山公司融资业务**

假设进料加工的税费、成本与第一单业务相同,2014年5月26日进料付汇美元汇率按6.25计,2014年5月20日出口收汇美元汇率按6.22计,则泰山公司操作这单业务的利润计算如下：

(1)收入

①收汇＝180万美元×6.22＝1119.6万元；

②退税＝335万元/1.17×17%＝48.675万元。

③开具银行承兑汇票交存50%保证金6个月存款利息收入(利息按年3%计算)：335万元×50%×6/12×3%＝2.513万元。

以上小计：1170.788万元。

（2）支出

①采购国产配件货款：335万元（用银行承兑汇票）；

②进口料件付汇：63万美元×6.25＝393.75万元（提单日后90天付款）；

③生产加工成本：250万元；

④开立90天远期L/C开证手续费、承兑费按2.5‰计算，则：393.75×2.5‰＝0.984万元；

⑤开具银行承兑汇票手续费：335×0.05％＝0.1675万元；

⑥缴存银行承兑汇票保证金的资金成本：335/2×10％×6/12＝8.375万元；

⑦退税款30天到账的资金利息：0.406万元。

以上小计：988.683万元。

（3）利润＝收入－支出＝1170.788－988.683＝182.105万元。

由此可见，泰山公司作了银行授信以后，运用融资工具减少了费用支出，利润比第一单业务增加了35.903万元。

## 【操作提示】

进料加工企业开展加工贸易复出口业务，都想以最小的资金投入来完成整个业务流程，通过运用授信平台获得贸易融资，不但减轻企业的资金压力，而且可降低成本，提高经济效益。开展此类业务主要注意以下几点：

（1）利用银行的授信条件，开立90～180天远期信用证或采用赊账付款方式来运作加工贸易，使加工企业在支付进口货款前能先收汇，就不必占用资金，从根本上解决了企业资金周转问题。

（2）可向国外产品采购商争取尽可能有利的付款方式，如预付定金、开给即期信用证、见提单传真件付款、DP或DA等方式，以减轻资金压力。

（3）如果自身没有条件做银行综合授信，可委托有实力的进出口代理公司开展进料加工复出口业务，间接地获得融资（该类业务的操作详见本书"进料加工保税复出口业务综合金融工具运用"一文）。

（4）开展进料加工复出口业务应事前分析自身的授信条件、融资能力以及出口收汇和进料付汇的时间，作好详细的财务测算和现金流计划，不能盲目签订出口合同。出口收汇的时间尽可能争取定在进料加工付汇之前，这样可大大减少资金占用和财务费用。

（5）企业在办理加工贸易手册备案时，应该如实向海关申报（包括进口料件和出口成品的价格、相关单耗等），才能正常办理进出口报关及手册核销手续。虚假备案、价格信息申报不实以及故意加大单耗等行为均违反海关法规。

附件

附件1

# 补 充 协 议 书

协议编号:＊＊＊＊＊

签订日期:2013年8月16日

**甲方**:浙江新月丝绸有限公司

**乙方**:浙江鑫福进出口有限公司

甲方实施"×××技术改造项目",委托乙方从意大利IBC公司代理进口型号为S501的剑杆织机18台,三方签订了进口合同,合同总价为CIF上海90万欧元。

因意大利IBC公司提前发货,而进口设备免税审批正在办理中,尚未取得《进出口货物征免税证明》。现甲方委托乙方代为向海关开立《关增税保付保函》,双方就开立事宜签订补充协议如下:

1.应甲方要求,乙方同意代甲方向海关开立保证金额为200万元人民币的《关增税保付保函》,以便向海关以《关增税保付保函》形式先行进口报关。

2.甲方向乙方支付人民币60万元保证金后,乙方代甲方开具金额为人民币200万元《关增税保付保函》。开立《关增税保付保函》所有银行手续费用由甲方承担,另外,甲方按保函金额向乙方支付每月1.5%的费用。

3.进口设备报关后,经海关查验最终确认进口设备全部或部分设备需要征关税和增值税时,甲方保证在海关规定时间内无条件向海关履行纳税义务,即按海关要求按时缴纳全额关税和增值税。待甲方完税后,乙方扣除所需手续费和保函费用退还保证金。若甲方未在海关规定时间内照章纳税,甲方应按《关增税保付保函》金额每日万分之五向乙方支付逾期违约金,并承担由此给乙方造成的经济损失。

4.本《关增税保付保函》项下的权利不得转让或挪作他用。

5.本补充协议为甲乙双方所签订的《委托进口代理协议》不可分割的部分。

6.执行本补充协议过程中发生的一切争议,甲乙双方应友好协商解决。协商不成,在乙方所在地法院诉讼解决。

7.本补充协议在签字并加盖公章或合同专用章后方为有效。本补充协议一式两份,甲乙双方各执一份,同等有效。

甲方:浙江新月丝绸有限公司

代表签字:

乙方:浙江鑫福进出口有限公司

代表签字:

附件 2

## 关增税保付保函

我行编号:×××　　　　　　　　　开立日期:×××
被担保人:浙江鑫福进出口有限公司　　法定代表人:×××
地　　址:×××　　　　　　　　　　联系电话:×××

附件 3

# 中华人民共和国
# 海关准予办理减免税货物税款担保证明

编号:

| 主送海关 | ××海关 | 进口口岸 | 上海海关 | | |
|---|---|---|---|---|---|
| 减免税申请人 | | 浙江新月丝绸有限公司 | | | |
| 减免税依据 | | ×× | | | |
| 批准文件 | | | | | |
| 担保原因 | | 货物已到港,征免税证明正在办理中 | | | |
| 担保期限 | | 自 2013 年 8 月 17 日至 2014 年 1 月 17 日 | | | |
| 税款担保货值清单 | | | | | |
| 序号 | 货物名称 | 数量/单位 | 金额 | 币值 | 备注 |
| 1 | 剑杆织机 | 18 台 | 900,000.00 | 欧元 | |

　　注:在本证明规定的担保期限届满之日仍未办妥有关减免税手续的,减免税申请人应在担保期限届满 10 个工作日前向主管海关提出延长税款担保期限的申请,逾期,进口地海关对有关货物予以照章征税。

××海关

担保人:中国银行股份有限公司浙江省分行　　法定代表人:×××
地　　址:×××　　　　　　　　　　　　　联系电话:×××
货物名称:18台剑杆织机　　　　　　　　　　货物总价格:EUR900,000.00
致:中华人民共和国×××海关

　　兹因被担保人代理进口18台剑杆织机(以下简称设备),合同号为×××,合同日期:2013年5月,因该设备的减免税手续尚在办理中,被担保人通过贵关办理该设备进口手续应缴纳的税款保证金人民币贰佰万元整。为使被担保人认真履行有关进口设备应承担的义务,在此应被担保人要求,中国银行股份有限公司浙江省分行特开立以贵关为唯一受益人,总金额为CNY2,000,000.00(人民币贰佰万元整)的不可撤销保函。

　　在本保函的有效期内,如被担保人未能履行贵关所规定的要求,贵关应向被担保人开出补缴税款税单;如被担保人未能及时向贵关缴纳应补缴税款,贵关即可持另一联补缴税款税单向我行索偿不超过本保函金额的应缴税款。我行保证在收到贵关提交的书面索偿通知、上述补缴税款税单和此正本保函(以下统称索款文件)后的7个法定工作日内即向贵关支付不超过CNY2,000,000.00(人民币贰佰万元整)的任何款项。以上担保责任方式为连带责任担保方式。

　　本保函自签发之日起生效,有效期至2014年2月15日,不论该日是否为我行工作日。上述书面索偿通知须经贵关开户行核实印鉴后连同其他索款文件在本保函有效期内送达我行。

　　本保函失效后,请交回我行注销。但不论本正本保函是否退回,任何逾效期后送达我行的索款要求均不予受理。

中国银行股份有限公司浙江省分行(章)

附件4

# 担 保 函

**×××银行:**

　　鉴于你行为浙江纤古机床工具有限公司提供抵押贷款中(借款合同号:×××借字第8011120100011664,抵押合同号:×××抵字第8011120100011664),有以下1台免税进口设备的贷款需向杭州海关做出税款承诺保证。据此,我公司在此向你行做出与免关税抵押设备应缴关税等值的税款担保,对该笔关税在海关规定的情形下承担连带担保责任。

免关税进口设备清单：

| 序号 | 设备名称 | 型号规格 | 数量 | 单价(美元) | 合计(美元) |
|------|----------|----------|------|------------|------------|
| 1 | 数控刃具磨床 | Corvus BBA | 1 | 80 万 | 80 万 |
| | / | | | | |
| 合　计 | | | 1 | 80 万 | 80 万 |

特此致函。

进口代理公司

2013 年 3 月 20 日

附件5

# 进口减免税货物贷款抵押承诺保证书

编号：

| 抵押人(减免税申请人)：浙江纤古机床工具有限公司 | |
|---|---|
| 地址： | 法人代表： |
| 联系电话： | 开户银行及账号： |
| 抵押权人： | |
| 地址： | 法人代表： |
| 联系电话： | |
| 抵押贷款金额：400 万元 | 期限：3 年 |
| 抵押物名称及价值(如此栏填不下，可附清单并加盖骑缝章)：<br>数控刃具磨床，571 万元 | |

续表

抵押人保证事项:

　　抵押贷款无法清偿,需要以上述抵押物抵偿贷款时,保证先补缴海关税款或者从抵押物的折(变)价款中优先偿付海关税款。
　　　　抵押人单位签章:　　　　　　　　法定代表人签字:
　　　　　　　　　　　　　　　　　　　　　　　年　月　日

抵押权人承诺:

　　抵押人向我单位申请抵押表所列设备,如抵押人未履行上述保证事项,由本单位承担上述抵押物的海关税款缴纳义务。
　　　　抵押权人单位签章:　　　　　　　法定代表人签字:
　　　　　　　　　　　　　　　　　　　　　　　年　月　日

　　注:抵押权人为银行分支机构的,由该银行分支机构负责人在"法定代表人"处签字并加盖该分支机构公章。

附件6

# 保 证 函

**进口代理公司:**

　　鉴于×××银行给我司提供抵押贷款中(借款合同号:×××借字第8011120100011664,抵押合同号:×××抵字第8011120100011664),有以下1台免税进口设备的贷款需由×××银行向杭州海关作出税款承诺保证。据此,你公司已向×××银行出具了担保函。免关税进口设备清单如下:

| 序号 | 设备名称 | 型号规格 | 数量 | 单价(美元) | 合计(美元) |
|---|---|---|---|---|---|
| 1 | 数控刃具磨床 | Corvus BBA | 1 | 80 万 | 80 万 |
|  | / |  |  |  |  |
| 合 计 |  |  | 1 | 80 万 | 80 万 |

　　在此我司向你司保证:当出现海关规定情事下我司应该向海关补缴进口关税时,我司立即缴付。若由此造成你司的经济损失,则由我司承担。

浙江纤古机床工具有限公司<br>2013 年 3 月 20 日

附件 7

# 动产抵押登记书

登记编号：

| 抵押人 | □ 企业 | □ 个体工商户 | □ 农业生产经营者 |
|---|---|---|---|
| 名称(姓名) | 浙江纤古机床工具有限公司 | 住所地 | ××× |
| 证件类型 | 营业执照 | 证件号码 | ××× |
| 代理人名称(姓名) | ××× | | |
| 抵押权人名称(姓名) | ×××银行 | | |
| 证件类型 | 营业执照 | 证件号码 | |
| 代理人名称(姓名) | ××× | | |
| 被担保债权概况 | | | |
| 种类 | ×××号借款合同项下的贷款 | 数额 | 本金 4000000.00 元人民币 |
| 担保的范围 | 本金、利息、罚息、违约金、损害赔偿金、实现债权和抵押权支出的费用及其他 | 债务人履行债务的期限 | 2013 年×月至 2016 年×月 |
| 备注 | 抵押合同,编号：××××× | | |

续 表

| 抵押人 | □ 企业 | □ 个体工商户 | □ 农业生产经营者 |
|---|---|---|---|
| 抵押物概况(如写不下可另附页) | | | |
| 名称 | 所有权归属 | 数量、质量、状况、所在地等情况 | |
| 数控刃具磨床 | 所有权属抵押人 | 1台,质量良好,运行正常,存放在×××,机器编号:×× | |
| | | | |
| 备注 | | | |
| 抵押人签字(盖章) | 抵押权人签字(盖章) | 登记机关盖章 | |
| 年 月 日 | 年 月 日 | 年 月 日 | |

附件8

# 房屋他项权证(样式)

## 杭房他证萧字第×××号

| 房屋他项权利人 | 杭州中艺进出口有限公司 |
|---|---|
| 房屋所有权人 | ××× |
| 房屋所有权证号 | 杭房权证萧字第×××号 |
| 房屋坐落 | 萧山区河庄镇×××号 |
| 他项权利种类 | 抵押权 |
| 债券数额 | 2000000.00 |
| 登记时间 | 2014年5月26日 |

| 附记 |
|---|
| 最高额抵押权<br>房产证号:杭房权证萧字第×××号,杭房权证萧字第×××—1号<br>朱永中　杭房权证萧字第×××号<br>李丽娟　杭房权证萧字第×××—1号 |

填发单位(盖章)

附件9

# 付 款 保 证 书

**杭州中艺进出口有限公司:**

　　浙江展宇光电有限公司委托你司代理进口干蚀刻机(进口合同编号为×××,委托进口代理协议编号为×××,远期信用证编号为×××,信用证金额为100万美元)。我司已向你司支付了开证保证金245.6万元,你司已为我司开出100万美元的90天远期信用证。请你司在收到开证银行单据后即向开证银行办理远期信用证承兑手续,为此,我司及本人向你司作出如下保证:

　　1. 在你司收到开证银行信用证单据前,向你司支付100万元承兑保证金。

　　2. 在上述进口货物交付之前,由我司负责将×××名下的房产(杭房权证萧字第×××号,房屋坐落于萧山区河庄镇×××号)抵押给你司,并办理抵押登记手续,抵押债券数额为200万元。

　　3. 为保证你司按时对外议付,我司在上述远期信用证到期付汇前5个工作日,保证将余款268.4万元付至你司账户(届时以实际汇率结算)。

　　特此保证。

保证人:浙江展宇光电有限公司(盖章)<br>法人代表签字:<br>签署日期:二〇一四年六月二日

附件 10

# 贴片机回购保证合同

合同编号：　　　　　　　　签订日期：
买方(销售方)：浙江生恒设备进口有限公司
卖方(回购方)：日本松下公司
最终用户：杭州世隆电子科技有限公司
买卖双方于 2011 年 6 月 28 日签订了贴片机采购合同(合同编号为×××)，买方和最终用户于 2011 年 6 月 30 日签订了贴片机销售合同(合同编号为×××)，经三方友好协商，对上述两个合同项下设备保证回购事项签订合同如下：

一、卖方保证回购设备的条件
1. 最终用户按时支付销售合同款项前，外商不得对设备进行处置；
2. 最终用户不按期或无法支付销售合同项下款项时，卖方保证回购该设备。卖方承担本合同项下设备回购的全部手续，最终用户自行承担设备被收回后的损失。

二、回购设备的价格
该设备基价为 396 万元，按 3 年折旧，每季平均 33 万元，均按 8 折计算，回收设备卖方向买方支付的价格为(396 万元－最终用户设备使用季数×33 万元)×80％。

三、回购程序
1. 卖方应当在最终用户无法向买方支付货款的 10 个工作日内向买方支付设备回购款。
2. 卖方可以将回购的设备装运出境或在国内销售给其他用户。

四、权利及义务
1. 买方向最终用户开具 476 万元增值税发票。在最终用户未付清货款前，最终用户不得擅自处置该设备。
2. 卖方未按期履行回购上述设备，买方有权自行处置该设备。

五、违约责任
一方发生违约，则违约方应按回购款每日万分之五向守约方支付违约金。

六、合同生效和废止
本合同自三方签字盖章后生效，本合同履约完毕时废止。

七、争议的解决

本合同履行过程中发生争议的,三方应协商解决,协商不成的,应向买方所在地仲裁机构申请仲裁。

买方(销售方)(盖章):

卖方(回购方)(盖章):

最终用户(盖章):

## 附件 11

### 嘉顿公司收支平衡表

| | 到港时 | 90 天 L/C 到期时 | 12 个月后 | 12 个月后 | 12 个月后 | 12 个月后 | 12 个月后 |
|---|---|---|---|---|---|---|---|
| 资金来源 | 自筹资金 224 万元 | ①贷款 500 万元 ②3 个月收费分得 73.15 万元 | 收费分得 292.6 万元 | 收费分得 292.6 万元 | ①收费分得 292.6 万元 ②上年节余 57.69 万元 | ①收费分得 292.6 万元 ②上年节余 0.96 万元 | 上年节余 0.01 万元 |
| 资金占用 | 支付进口税费 224 万元 | ①支付 50%L/C 货款 448 万元 ②归还自筹资金 125.15 万元 | ①支付 50%的 1/3 货款 149.33 万元 ②支付利息 35 万元 ③支付维护费 30 万元 ④归还自筹资金 78.27 万元 | ①支付 50%的 1/3 货款 149.33 万元 ②支付利息 35 万元 ③支付维护费 30 万元 ④归还自筹资金 20.58 万元 | ①支付 50%的 1/3 货款 149.33 万元 ②支付利息 35 万元 ③支付维护费 30 万元 ④归还贷款 135 万元 | ①支付利息 25.55 万元 ②支付维护费 30 万元 ③归还贷款 238 万元 | ①支付利息 8.89 万元 ②归还贷款 122 万元 |
| 节余 | 0 | 0 | 0 | 57.69 万元 | 0.96 万元 | 0.01 万元 | 161.72 万元 |

## 附件 12

### 吉瑞公司项目资金收付及启动资金计算表

| 时间节点 | 6月15日 | 6月20日 | 6月21日 | 8月5日 | 9月5日 | 竣工验收一年后 |
|---|---|---|---|---|---|---|
| 资金来源 | 自筹90万元启动资金 | 收到海外业主30万美元预付款结汇186.3万元 | 节余96.3万元 | ①节余24.3万元②自筹251.55万元 | 竣工验收后海外业主向吉瑞公司支付80%进度款240万美元后结汇1471.2万元 | ①节余196.2万元②海外业主向吉瑞公司支付10%质保金30万美元结汇180万元③收到出口退税52.31万元④节余资金定期存款利息收入6.48万元 |
| 资金占用 | 向银行交存90万元后开立30万美元预付款《履约保函》 | 归还自筹资金90万元 | 向特变电工公司支付20%预付款72万元 | 进口设备到货后向艾伯公司支付30%预付款275.85万元 | ①归还自筹资金251.55万元②向特变电工支付80%货款288万元(银行承兑汇票)③向艾伯公司支付70%余款643.65万元④物流与经营管理费用90万元⑤支付融资费用1.8万元 | / |
| 节余 | 0 | 96.3万元 | 24.3万元 | 0 | 196.2万元 | 434.99万元(税前利润) |
| 启动资金 | 90万元 | / | / | 251.55万元 | / | / |

注:假设该项目竣工验收合格一年后的美元结汇汇率为6:1,银行一年期定期存款利率为3.3%。

附件 13

# 融资租赁售后回租合同之转让协议

**转让人**：金华奥美特纺织有限公司

**受让人**：上海荣易达融资租赁有限公司

　　转让人和受让人签订了《融资租赁售后回租合同》(以下简称回租合同)，转让人及其进口代理人浙江创晟机械设备进出口有限公司(以下简称进口代理人)与德国供应商 OSZ 公司于 2014 年 8 月 6 日签订了进口合同及《委托进口代理协议》。据此转让人将其进口购买的设备(即回租合同项下租赁物件，以下简称设备)转让给受让人，再从受让人处租回。现经转让人与受让人协商一致，达到以下转让协议：

　　1. 本协议项下之转让人即回租合同项下之承租人，受让人为回租合同项下的出租人。

　　2. 转让标的物——进口设备

| 设备名称 | 规格 | 数量 | 原价 | 产地及供应商 | 交付 |
|---|---|---|---|---|---|
| 全自动转杯纺织机 | Autocoro8 每台 432 锭 | 2 台 | 61 万欧元/台 | 德国，OSZ 公司 | 未 |
| 总价：122 万欧元，折人民币 938.79 万元 | | | | | |

　　上述设备即为回租合同项下之租赁物件，进口合同项下的风险(包括品质和价格风险)均由转让人继续自行承担。设备总价等同于转让人和供应商之间约定的设备价款。

　　3. 价款支付

　　(1)上述总价 30% 即 36.6 万欧元(等值人民币 281.637 万元)，同时作为回租合同中约定的转让人(承租人)应向受让人(出租人)支付的租赁首付租金，在转让人(承租人)根据与供应商签订的进口合同向供应商支付上述 36.6 万欧元(等值人民币 281.637 万元)后，即视为受让人已完全履行了本协议中对转让人的这部分价款的支付义务；

　　(2)上述总价 70% 即人民币 657.153 万元，由受让人在下列条件均得到满足后的 3 个工作日内直接支付给转让人指定的进口代理人。在受让人向进口代理人支付了上述款项后,即视为受让人已完全履行了本协议中对转让人的这部分价款的支付义务:

a. 受让人收到转让人及其进口代理人的提请付款通知书;

b. 受让人收到转让人支付的租赁交易保证金、手续费及保险费;

c. 受让人收到转让人、进口代理人提供的《自动进口许可证》,该许可证列明浙江创晟机械设备进出口有限公司为设备进口商,金华奥美特纺织有限公司为进口用户;

d. 受让人收到转让人与进口代理人之间的《委托进口代理协议》复印件加盖公章;

e. 受让人收到进口代理人或供应商出具的收到转让人支付的首付款(也即租赁合同项下的首付租金)36.6 万欧元(或等值人民币 281.637 万元)的收款确认及相关银行凭据;

f. 受让人收到进口代理人出具的此台设备的进口关税与增值税相应资金已筹备的书面确认及相关证明;

g. 受让人收到全套进口设备装船单据复印件,设备发票金额必须和进口合同项下设备价格,即 122 万欧元金额相符,进口结算发票正本须在租赁期内保存在受让人处和进口结算发票的抬头为受让人。

4. 在受让人支付价款前,转让人已取得设备的所有权、权利和利益,该所有权、权利和利益自受让人支付价款之时起转归受让人所有。

5. 设备将于所有权转让给受让人的同时即视为由转让人交付给受让人。转让人交付其签署的《验收证书》应为设备已完整交付并由转让人予以接受的最终证据。设备交付、安装、检验和接受产生等相关的任何费用由转让人与供应商协商承担,与受让人无关。

6. 转让人在设备所有权转让给受让人时,作以下承诺:

(1)设备无材质和工艺瑕疵;

(2)设备无侵犯任何第三方专利或著作权或其他利益;

(3)有关设备上的相关担保或权利责任,在所有权转让给受让人时均已被解除;

(4)设备完全符合中国有关安全法律规定。

7. 本协议和回租合同及相关协议均构成双方之间完整的出售回租交易文件。本协议和回租合同一并签署。

8. 在执行本协议过程中若有纠纷,各方友好协商解决,协商不成,则提交中国国际经济贸易仲裁委员会浙江分会仲裁解决。

9. 本协议一式两份,出让人和受让人各执一份,由双方签字、盖章后生效。

| 转让人：| 受让人： |
|---|---|
| 金华奥美特纺织有限公司 | 上海荣易达融资租赁有限公司 |
| 授权代表(签字)： | 授权代表(签字)： |
| 签署日期： | 签署日期： |

**附件 14**

# 融资租赁售后回租合同之三方进口协议

**甲方:**上海荣易达融资租赁有限公司

**乙方:**金华奥美特纺织有限公司

**丙方:**浙江创晟机械设备进出口有限公司

鉴于：

1. 为引进德国 OSZ 公司生产的 2 台全自动转杯纺纱机 432 锭(以下简称租赁物或货物)，乙方、丙方与德国 OSZ 公司于 2014 年 8 月 6 日签订了进口合同，合同总价为 122 万欧元，乙方及丙方同日签订了《委托进口代理协议》。

2. 现乙方以售后回租方式引进设备，即乙方及其丙方在进口货物后再将其出售给甲方，甲方再将货物出租给乙方使用，就该项租赁业务甲方和乙方于 2014 年 8 月 16 日签订了《融资租赁售后回租合同》。

经三方协商一致，达成如下协议：

1. 甲方仅为乙方提供融资租赁服务而签订本协议。甲方承担本协议项下的支付义务，享有货物所有权，并根据租赁合同将货物租赁给乙方使用。

2. 乙方确认:货物、供应商和丙方均由乙方自行选定，与甲方无关，乙方自行委托丙方为其代理进口货物，丙方接受该委托。

3. 丙方责任和权利：

(1)根据乙方选定的供货商，就货物签订进口合同；

(2)协助办理货物进口所需的许可证及批件；

(3)向供应商开立信用证、支付货款；

(4)办理进口货物的报关、清关、运输手续，并负责将进口货物交给乙方；

(5)若供应商有任何违反进口合同行为，根据乙方要求，向供应商进行索赔；

(6)负责向甲方提供有关进口合同文件；在信用证议付日三个工作日内提供进口设备物权凭证，包括供应商商业发票(正本)，银行出具的进口结算单据(复印件并加盖公章)和提单(复印件并加盖公章)；

(7)向甲方提供一份发票抬头为乙方的正本《服务业发票》,发票内容应根据《委托进口代理协议》,列明货值、进口环节各项费用、进口代理费等,发票正本交甲方保管至乙方完全履行完租赁合同项下的付款义务后由甲方退还乙方。

4. 货物交付乙方在国内所发生的所有费用(包括国内运输费、保险费、银行费和代理费等)均由乙方承担,与甲方无关。

5. 乙方责任:除甲方在本协议项下承担付款义务外,乙方应当履行委托代理进口的一切义务,包括向丙方提供所需文件、支付代理费和进口增值税、关税。

6. 乙方自行与供应商商定所有货物的购买条件(包括货物规格、性能、安装、验收、维护、保修等)。丙方根据上述内容与供应商签署进口合同。

7. 乙方和丙方保证甲方履行本协议支付义务后即获得进口合同项下货物所有权,丙方放弃享有对货物的留置权。

8. 乙方应保证货物进口的合法性,若因货物夹带违禁物品等违反中国法律的,乙方保证甲方免于责任或损失。

9. 付款方式:

(1)货物价格的30%即36.6万欧元(等值人民币281.637万元)由乙方向丙方直接支付,丙方应向甲方出具收款确认书并加盖公章(该笔款项为进口合同项下的首付款,同时为租赁合同项下的首付租金)。

(2)货物价格的70%即人民币657.153万元在下列条件均满足后3个工作日内,由甲方代乙方直接向丙方支付:

a. 甲方收到乙方、丙方的提请付款通知书;

b. 甲方收到乙方支付的租赁交易保证金、手续费及保险费;

c. 甲方收到丙方提供的《自动进口许可证》,该许可证上列明丙方为设备进口商,乙方为进口用户;

d. 甲方收到乙方与丙方之间《委托进口代理协议》复印件并加盖公章;

e. 甲方收到丙方出具的收到乙方首付款(即租赁合同项下的首付租金)的收款确认及相关银行凭证;

f. 甲方收到丙方出具的此台设备的进口关税和增值税相应资金已筹备的书面确认及相关证明;

g. 甲方收到全套进口设备转船单据复印件,设备发票金额必须和进口合同项下设备价格即122万欧元金额相符,进口结算发票正本须在租赁期内保存在甲方处。

10. 丙方负责办理进口货物清关手续后,负责将货物交付给乙方。货物进口关税和增值税由乙方承担。

11. 若发生供应商延迟交货或销售的货物与合同规定的内容不符,或在安装、调试、操作过程中及质量保证期间发现货物存在质量瑕疵等货物有关的问题,甲方不承担赔偿责任。由乙方根据进口合同的规定直接向供应商索赔。乙方向供应商索赔均不影响租赁合同的效力,乙方均应按照租赁合同规定向甲方支付租金。

12. 在执行本协议中若出现纠纷,各方友好协商解决,协商不成的,则提交给中国国际经济贸易仲裁委员会浙江分会仲裁解决。

13. 本协议在各方授权代表签字、加盖公章,且甲方风险审批同意后生效。

上海荣易达融资租赁有限公司　　　　金华奥美特纺织有限公司
授权代表(签字):　　　　　　　　　　授权代表(签字):
浙江创晟机械设备进出口有限公司
授权代表(签字):
签署日期:

## 附件 15

# 授 权 函

**×××检验检疫局:**

　　我们是英国的一家货物制造商,营业地点设在×××。兹指派浙江恒力进出口有限公司作为我方真正的合法的代理人进行下列有效的活动:

1. 代表我方办理贵方×××号招标项目的投标邀请要求提供的由我方制造(或开发)的货物的有关事宜,并对我方具有约束力。

2. 作为制造商,我方保证以投标合作者来约束自己,并对该投标共同和分别承担招标文件中所规定的义务。

3. 代表我方全权办理和履行上述各点所必需的事宜,具有替换或撤销的权力。

兹确认浙江恒力进出口有限公司或其正式被授权代表依此合法地办理一切投标事宜。

特此授权。

制造商(公章):
授权代表签名:
授权日期:

附件 16

# 协 议 书

**甲方**:浙江中达设备进口有限公司
**乙方**:华臣经贸(香港)有限公司
**丙方**:浙江华臣经贸有限公司

鉴于甲方和乙方已签署了进口合同,经甲、乙、丙三方协商一致,签订协议如下:

1. 甲、乙双方同意将上述合同的 95%合同金额货款支付方式更改如下:

| 原支付方式 | | 更改后的支付方式 |
|---|---|---|
| 95%合同金额采用即期信用证支付方式 | 30%合同金额见单支付 | 95%合同金额采用 90 天远期信用证支付方式(提单日后 90 天支付) |
| | 65%合同金额凭验收合格报告支付 | |
| 5%合同金额后 T/T 支付 | | 5%合同金额后 T/T 支付 |

2. 丙方向甲方支付 300 万元开证保证金后,由甲方向乙方开出提单日后 90 天远期信用证。

3. 乙方收到信用证后,按合同约定尽快安排发货。乙方保证在远期信用证最迟付款日前完成所有进口货物的验收,并取得验收合格报告给甲方。若乙方在远期信用证最迟付款日前未能完成进口货物验收,则甲方同意垫资向乙方付清远期信用证项下的全部货款,垫资期限最长三个月(即从远期信用证最迟付款日后三个月内)。

4. 垫资利息由丙方承担:(1)计息基数:远期信用证付汇金额扣除浙江安盾消防装备有限公司预付的 30%合同金额款项及丙方支付的 300 万元开证保证金后的余额;(2)计息日界定:远期信用证付款到期日起至甲方收齐浙江安盾消防装备有限公司 95%合同金额货款日止;(3)利率:按月 1‰计,以实际垫资金额和天数计算。

5. 若乙方在进口货物到港后 3 个月仍未完成验收,丙方同意按 1000 元/天向甲方支付逾期违约金。若乙方在甲方垫资期限内仍未完成验收,则丙方应立即无条件向甲方付清全部垫款。

6. 甲方收到浙江安盾消防装备有限公司相应款项后,在扣除上述利息、逾期违约金后,将剩余开证保证金退还丙方。

7. 本协议执行过程中所发生的问题,三方友好协商解决。

8. 本协议甲、乙、丙三方盖章后生效。本协议一式三份,甲、乙、丙三方各执一份,同等有效。

**甲方:**浙江中达设备进口有限公司

**乙方:**华臣经贸(香港)有限公司

**丙方:**浙江华臣经贸有限公司

**签订日期:**2014 年 7 月 30 日